U0068199

兩岸終究
難免一戰
!?

戴東清——著

推薦序

　　深感榮幸能受戴東清君之邀，為其新著《兩岸終究難免一戰》寫序代為推薦。

　　兩岸事務極其繁複，其中充滿了許多和平穩定發展與共同繁榮的機會，卻也因為受到兩岸隔絕 60 餘年所造成的認同差異，以及國際格局變動的影響，而隱藏著因為偶發性事件而爆發戰爭的凶險。戰爭儘管是大家都不願見到的悲劇，然而若是不能對之有深刻認識，恐將增加避免戰爭的難度。

　　戴君能從兩岸民族主義衝撞、統獨必戰的中國歷史經驗、中美霸權衝突影響、以及戰爭本身的難以避免性四個面向，分析兩岸潛藏終究必須一戰的風險，對於兩岸終局的安排，可說有化繁為簡的效果。雖然書中觀點仍有可商榷之處，但所點出的問題，卻是關心兩岸事務之人士，不得不加以重視並且審慎面對。

　　新書花了許多篇幅，來論證兩岸終究難免一戰的結局，卻用極小部分的文字來說明避戰的方法，看似前後不成比率或者是有所矛盾的現象。然而此種安排卻也可看出戴君的研究用心，即在兩岸面對如此嚴峻的戰爭風險之際，也要設法推論出兩岸可以不必兵戎相見的方法，而不需在戰事發生數年後，再回顧只要掌握那些變數，即可避免戰爭發生。

　　非常榮幸能夠在新書付梓之前，有機會先行閱讀並代為推薦。對戴君能充分掌握兩岸問題核心，觀察入微，甚感佩服。相信讀者讀完此書，亦會有不虛一讀的相同感受。

淡江大學國際事務與戰略研究所　教授

自序

　　自 2006 年開始著手寫作這本書，前後花了超越 5 年的時
間。寫作本書的動機，當然是有感於當時的兩岸局勢有些動
盪，再加上每每在報章雜誌及學者專家的論文中，看到兩岸發
生戰爭之時間與可能性的報導與研究，於是想要探討兩岸未來
究竟是否難免一戰？能否免於一戰？

　　之所以花那麼久的時間完成本書，不是因為本書的篇幅非
常長，而是在這期間內因為教學、研究及行政工作的忙碌，使
得寫書的進度有所拖延，更多的時候是因為個人懶惰，未能一
鼓作氣將書完成。當然，在寫作時的構思與資料蒐集及閱讀，
也往往需要花費不少心力，致使書籍完成的時間更加拉長。

　　從扁政府執政兩岸關係較為動盪的時期，提出兩岸難免一
戰的觀點，或許更能引起閱聽大眾的關注。不過，即使本書是
在馬政府執政兩岸關係相對平順的時期完成，不代表本書論述
的內容已經與時代脫節，因為兩岸關係的結構依然未變。臺灣

民眾「不統」（或稱「維持現狀」）的意願，不會因為換黨執政而在短期內改變，大陸官方向來主張「統一」的決心，也不會在短期內改變，一旦兩岸其中有一方急於想改變現狀，就面臨戰爭攤牌的危險。

　　本書的完成，要謝謝淡江大學國際事務與戰略研究所林中斌教授答應推薦本書，林老師也在寫作過程中給予不少點撥；也要感謝政治大學國家發展研究所趙建民教授，謝謝趙老師在個人求學及寫書期間不間斷地指導；以及要謝謝學界先進南華大學社科院院長郭武平教授、南華大學國際暨大陸事務系張子揚教授、胡聲平教授、淡江大學國際事務與戰略研究所黃介正教授，在寫作期間的意見交換與鼓勵。至於本書的編輯以及為本書的出版在默默祈禱的家人與朋友，也要一併獻上感謝。

目次

第一章

導論

　　本書的題目看似有點聳動，但是兩岸關係曾經被視為世界上三大戰爭熱點之一，就可明白該題目其實不是那麼駭人聽聞。驚嘆號是指當戰爭發生時，除了感嘆以外，實在不能多做什麼。問號代表即使戰爭的凶險極大，但還是有機會可以避免，只要各方做出正確的選擇。

第一節　前言

　　馬英九先生於 2008 年 5 月 20 日發表中華民國第十二任總統就職演說時，明確指出：「兩岸不論在臺灣海峽或國際社會，都應該和解休兵，並在國際組織及活動中相互協助、彼此尊重。兩岸人民同屬中華民族，本應各盡所能，齊頭並進，共同

貢獻國際社會，而非惡性競爭、虛耗資源。」[1]就職演說是非常正式的官方文件，預示了未來四年新上任的總統及政府未來的施政方針。上述講話無疑揭示在其任內臺灣在兩岸及外交事務方面採取的是「和解休兵」的政策，而不再是依循前任政府的「烽火外交」政策。[2]

也正因為馬政府採取的和解休兵政策，使得兩岸關係的緊張氣氛獲得大幅改善。各自代表兩岸政府的海基會與海協會，在五次的江陳會中，不僅簽署了直航與大陸觀光客來臺的協議，讓兩岸往來與交流更加便利，而且簽署了讓兩岸關係進入全新發展階段的經濟合作架構協議（ECFA）。[3]然而這樣的兩岸關係發展形勢，並未完全排除兩岸仍然有發生戰爭的可能性。就如同前美國在臺協會理事主席、美國知名兩岸問題專家卜睿哲於 2010 來 6 月來臺訪問時表示，雖然過去兩年，兩岸努力突破經濟與政治難關，尋求穩定與共識，目前彼此發生戰

---

[1]　馬英九就職演說，請參閱總統府網站，http://www.president.gov.tw/php—bin/prez/shownews.php4?Rid=14000，2008 年 11 月 10 日取用。

[2]　「烽火外交」是 2002 年時任國安會祕書長邱義仁所提出的，請參閱陳錫蕃，〈闖關外交與烽火外交〉，《中央日報》，2002 年 8 月 23 日，版 3。

[3]　編輯部，〈第五次江陳會談成果說明暨協議文本〉，《兩岸經貿》，222 期，2010 年 7 月，頁 6—13。

爭的機會趨近於零，但還是有可能發生，因為誤解、計算錯誤或意外，使兩岸發生戰爭或大規模衝突的可能性仍存在。[4]

　　既然兩岸仍然有發生戰爭的可能性，探討到底有那些因素會導發兩岸戰爭，以及要如何避免上述因素可能導發戰爭，就顯得十分重要。這也是本書為何要在兩岸氣氛看以和緩之際，仍然要探討兩岸可能出現劍拔弩張之局面的根本原因。尤其是在兩岸經貿交流日益緊密，但是臺灣民眾對於中國人的認同卻屢創新低的情況下，中國大陸會否因為遲遲無法達成「以經促政」的對臺政策目標而漸生不耐，進而改採軍事衝突路線，以迫使臺灣與大陸儘早進行統一談判，結束中國淪為次殖民地以來的最後羞辱——對日甲午戰爭失敗割讓臺灣。[5]

　　更何況中國大陸已於 2010 年成為全球第二大經濟體，經濟與軍事的硬實力已非同小可，連美國都要在美中聯合聲明中表示，美方歡迎一個強大、繁榮、成功，在國際事務中發揮更

---

[4] 卜睿哲，〈兩岸戰爭機會趨近零，還是有可能〉，《中央廣播電臺新聞》，2010 年 6 月 11 日，http://news.rti.org.tw/index_newsContent.aspx?id=1&id2=1&nid=246081，2010 年 7 月 22 日取用。

[5] 鄧小平表示，任何外國不要指望中國做他們的附庸，不要指望中國會吞下損害中國利益的苦果，他並把爭取實現包括臺灣在內的祖國統一、反對霸權主義、維護世界和平列為 80 年代要完成的任務。請參閱鄧小平，《鄧小平文選 1975—1982》，北京：人民出版社，1983 年，頁 372。

大作用的中國。[6]以中國大陸日益強的政經實力,在對臺動武的能動性上,勢必比過去要來得強。換言之,對臺動武已從過去的「能不能」,已然變成現在的「想不想」。若是能夠找到比動用武力更好的方法,達成對臺的統一目標,當然更好;若是不能,當然不能排除中國大陸會在某個特定的時間,對臺使用武力來達成其統一目標。這也是中國大陸始終不願放棄使用武力的根本原因,因為對大陸方面而言,放棄使用武力,無異於放棄統一的目標。

畢竟在兩岸相互認同感日益薄弱的情況下,要臺灣臣服於中國大陸的統治之下,那怕只是形式上的,都有非常高的難度。因此,用和平手段沒有辦法達成目標,剩下的手段當然是只有使用武力了,除非中國大陸放棄統一的目標。不過就目前來看這不是大陸方面的選項,未來成為選項的可能性亦低。既然大陸方面希望能夠統一,臺灣方面又不願意統一,透過和平手段若是無法有效縮短雙方的差距,大陸以武力來解決所謂臺灣問題的可能性,的確是不能排除的。

6　請參見美國總統歐巴馬與中國大陸國家主席胡錦濤的兩次聯合聲明,請參閱美國白宮網站,http://www.whitehouse.gov/the—press—office/us—china—joint—statement,2011 年 1 月 21 日取用。

第二節　過去有關兩岸戰爭的預測

　　儘管由於兩岸情勢緩和，有關兩岸軍事衝突的報導較少，但是這並不代表這個議題不曾受到重視過。據媒體報導，前總統陳水扁接見日本「臺灣國會關係研修團」成員時指出，「中國在 2007 年要完成全面應急作戰能力準備，2010 年之前完成對臺大規模作戰能力準備，2015 年之前完成對臺決戰決勝能力準備，令人相當擔憂。」[7]陳水扁在接見外賓時特別提到中國大陸的對臺作戰能力準備，顯然在說明，一旦中國大陸完成對臺決戰決勝能力，則中國大陸對臺採取戰爭行為的可能性，就大大的提高。陳水扁因為身為總統，所接觸到的各方資訊一定比一般人多，再加上他原本就無軍事背景，能夠針對中國大陸武力攻臺的時間表有那麼清楚的描述，相信一定是有所本。只是不知是出自何種研究機構的報告，或者是經由特殊的外交管道所取得。

---

[7]　陳水扁，〈大陸 2015 年做完攻臺準備〉，《鳳凰網》，2006 年 12 月 29 日，http://news.ifeng.com/taiwan/1/detail_2006_12/29/980175_1.shtml，2010 年 8 月 12 日取用。

　　由於大陸官方會否攻臺不僅攸關兩岸關係的和平與穩定，更將對東亞安全情勢產生深遠影響，所以除受到傳媒關切之外，亦受到國際相關研究機構的矚目，各種預測戰爭爆發的時間表就紛紛出籠。美國蘭德公司在 2000 年就曾提出研究報告「可怕的海峽：中國與臺灣衝突的軍事角度與美國的政策選擇」，預測臺海將在 2005 年發生戰爭。[8]英國著名軍事雜誌《詹氏防衛》駐臺灣記者溫德爾‧明尼克在 2004 年 4 月發表文章，預料臺海戰事會在 2006 年爆發。[9]數年過去了，兩岸過去雖然氣氛有點僵，但是還未到開戰地步，可見預測不是件容易的事。儘管如此，各種預測或傳言仍層出不窮。2004 年 3 月 8 日《香港商報》引述美國官員談話，大陸可能在 2006 到 2007 年先發制人對臺採取行動；[10]2005 年 6 月美國《華盛頓時報》專欄主筆比爾格斯（Bill Gertz），引述一位美國官員被問到中國大陸可能攻擊臺灣時，大他膽預測將在 2007 年至 2008 年攻

---

[8]　David A. Shlapak, D. Orletsky, and Barry Wilson, *Dire Strait? Military Aspects of the China—Taiwan Confrontation and Options for U.S. Polciy.* (Washington D. C.: RAND, 2000)

[9]　溫德爾‧明尼克，〈英國詹氏防衛週刊：2006 中共可能攻臺〉，《聯合報》，2004 年 4 月 25 日，版 A13。

[10]　轉引自新浪網 http://mil.news.sina.com.cn/2004—03—08/0942186303.html，2011 年 1 月 21 日取用。

臺能力就會到位，該位官員並表示一年前（即 2004 年）他們還認為非常非常不可能，但是現卻很有可能到位。[11]

　　預測 2005 年到 2008 年臺海將爆發軍事衝突的情況如此頻繁，固然與民進黨執政期間所採取的對外政策有關。雖然預測終究沒有成真，但這不意味著臺海從此無戰事。在牛津大學擔任研究工作的華裔學者曾復生（Steve Tsang），在其 2005 年發表題為〈使用武力背後的動因〉（Drivers Behind the Use of Force）的論文就提到，如果北京認知到臺北的下一步走得太遠，成為壓死駱駝的最後一根稻草，戰爭很可能就會發生。[12]所以他建議臺灣不要因為民族主義的錯誤計算而太靠近戰爭爆發邊緣，也要認真看待中國大陸的武力威脅。[13]當然臺海可能會發生戰事的預測與警告，並未因臺灣自 2008 年 5 月起採取比較和緩的大陸政策就消失。路透社 2009 年 8 月 31 日白賓（Ben Blanchard）與詹寧斯（Ralph Jennings），即在其共同執筆發表的文章〈儘管兩岸關係和緩，中國大陸對臺軍事威脅升

---

[11]　Bill Gertz, "Chinese Dragon Awakens", *Washington Time*, June 27, 2005, http://www.washingtontimes.com/news/2005/jun/26/20050626—122138—1088r/, (accessed on Jan 22, 2011).

[12]　Steve Tsang, "Drivers Behind the Use of Force", Steve Tsang (eds.), *If China Attacks Taiwan: Military Strategy, Politics and Economics,* (London: Routledge, 2005), pp.1—14.

[13]　Ibid.

高」（China Military Threat to Taiwan Rises Despite Détente）中
指出，中國大陸的軍力遠優於臺灣，儘管兩岸關係有所改善，
大陸對臺威脅卻日益升高，而且它仍不放棄對臺動武。美國能
否在大陸攻擊臺灣時確保臺灣安全，還是個問題。[14] 他們另外
表示，雖然就目前而言，戰爭不太可能發生，但這不保證馬英
九能在 2012 年獲選連任；如果民進黨重新執政，大陸難保不
會攻擊臺灣。[15]

　　傳媒報導雖然有其消息來源，導致戰爭發生的原因亦各有
不同，不過若是由中國大陸官方在香港的機關報文匯報 2004
年 7 月報導「2020 年前大陸將統一臺灣」，就顯得特別不尋
常，畢竟香港文匯報多少有點代表中國大陸官方的意見。[16]即
使只是釋放試探氣球，都值得臺灣特別加以重視，儘管該新聞
曾被視為假新聞。[17]當然，曾有美國學者指出，以英倫海峽窄

---

[14] Ben Blanchard and Ralph Jennings, "China Military Threat to Taiwan Rises Despite Détente" *Reuters,* 31 August 2009, http://www.reuters.com/article/idUSTRE5800L520090901 (accessed on Feb 10, 2011).

[15] 同上註。

[16] 孟遊，〈香港文匯報 2020 新聞幕後〉，《大紀元》，2004 年 8 月 4 日，http://www.epochtimes.com/b5/4/8/4/n616878p.htm，2011 年 2 月 10 日取用。

[17] 孟遊分析 2020 統一臺灣之新聞內容，得出該新聞為假的結論，同上註。

於臺灣海峽，二次大戰時諾曼第登陸時傷亡仍相當慘重，中國要渡過臺海攻打臺灣，恐怕付出的代價更為昂貴，更何況臺灣的軍力亦不容輕忽。[18]不過，中國大陸將 2000 年至 2020 年視為是所謂的「戰略機遇期」，[19]2020 年的時間點與文匯報所釋放的時間點剛好吻合，所以就更不能等閒視之。

　　同樣是文匯報在 2009 年 12 月 24 日報導，大陸國務院鐵道部部長劉志軍在當月 22 日透露，21 日開工並奠基的安徽合肥至福建福州鐵路客運專線，是北京至福州再到臺灣的高速鐵路的組成部分。[20]這則新聞並被文匯報解讀為，隱含中共中央軍委打算 2020 年之前統一臺灣的內幕，否則臺灣不可能允許大陸高鐵將大陸與臺灣連成一片。[21]文匯報不斷釋放戰略機遇

---

[18] Michael O'Hanlon, "Why China Cannot Conquer Taiwan", *International Security*, Vol.25, No.2 (Fall 2000), pp.51–86.

[19] 20 年的戰略機遇期是前大陸國家主席江澤民在十六大報告中的用語，請參閱江澤民，〈全面建設小康社會，開創中國特色社會主義事業新局面——在中國共產黨第十六次全國代表大會上的報告〉，2002 年 11 月 8 日，新華網 http://www.xinhuanet.com/newscenter/dyxjx/sldbg.htm，2011 年 2 月 10 日取用。

[20] 文匯報，〈鐵道部部長證實開建北京至臺灣鐵路〉，http://news.wenweipo.com/2009/12/24/IN0912240007.htm，2011 年 2 月 10 日取用。

[21] 文匯報，〈高鐵信息驚爆出：大陸 2020 年前統一臺灣？〉http://info.wenweipo.com/index.php?action–viewnews–itemid–12435，2011 年 2 月 10 日取用。

期結束後解放軍的統一作為，自不可等閒視之，尤其是當已故
中共開國大將「粟裕」之子，原任中共解放軍「北京軍區」的
副司令員「粟戎生」中將，日前接受大陸媒體訪問時揚言，解
放軍要是一日不解放臺灣，就不會改名為「中國國防軍」後更
是如此。[22]戰略機遇期的結束，意味著中國大陸的政軍實力與
過去已不可同日而語，當中國大陸自認可以遲滯美國協助臺灣
自我防衛，以及有強烈統一臺灣的迫切感，不是不可能展開統
一臺灣的軍事相關舉措。究竟我們要如何看待攻臺的時間表？
中共武力犯臺究竟有何考量因素？

　　軍事行動實際上達成政治目標的手段，世界上大概沒有一
個國家是為戰而戰，就如同美國發動阿富汗及伊拉克戰爭，是
以反恐及滿足能源需求為其政治目標一般。過去大陸官方武力
攻臺曾有三個如果：「如果出現臺灣被以任何名義從中國分割
出去的重大事變，如果出現外國侵佔臺灣，如果臺灣當局無限
期地拒絕通過談判和平解決兩岸統一問題」。[23]這三個如果在
「反分裂法」中被修正為「臺獨分裂勢力以任何名義、任何方

---

[22]　粟戎生，〈粟裕最大心結：沒「解放臺灣」〉，http://news.sina.com.tw/
　　article/20110208/4172001.html，2011 年 2 月 10 日取用。

[23]　國臺辦、國新辦，〈一個中國原則與臺灣問題〉，2002 年 2 月，http://www.
　　gwytb.gov.cn/zt/baipishu/201101/t20110118_1700148.htm，2011 年 2 月
　　10 日取用。

式造成臺灣從中國分裂出去的事實，或者發生將會導致臺灣從中國分裂出去的重大事變，或者和平統一的可能性完全喪失」。[24]換言之，只要符合「反分裂法」之三項要件，中國大陸就有可能武力攻臺，軍力準備得愈充分就愈容易配合政治的行動。

其實，早在大陸當局制訂「反分裂法」之前，就不斷地在進行武力攻臺的軍事演練。解放軍在臺灣海峽附近的東海和南海，舉行過好幾次大規模的陸海空三軍聯合軍事演習，特別是在 1999 年和 2000 年更是以「登陸臺灣」為目標進行演習，引起全世界的側目。[25]在 1999 年的登陸演習中，中共中央軍事委員會副主席張萬年發表演說時指出：「人民解放軍絕不容許分裂祖國的企圖，準備粉碎任何分裂祖國的惡行」。[26]

不過，中國大陸會否以武力攻臺，除了完成軍力準備之外，臺海情勢是否已超越「反分裂法」限定的範疇，以及國際社會干預的程度都會影響其決定，因為反分裂法中關於「事

---

[24] 中華人民共和國全國人大，《反分裂國家法》，2005 年 3 月 14 日，參見新華網 http://news.xinhuanet.com/taiwan/2005—03/14/content_2694168.htm，2011 年 2 月 16 日取用

[25] 宮崎正弘，李明峻譯，《美中對決的時代來了》，臺北：前衛，2003 年 3 月，頁 71。

[26] 宮崎正弘，李明峻譯，《美中對決的時代來了》，臺北：前衛，2003 年 3 月，頁 72。

實」、「重大事變」及「可能性完全喪失」的認定，有非常多
的解釋空間，這也是國際社會可以介入的部分。至於戰爭所造
成的經濟損失，恐怕是當大陸採取軍事行動之前就已作好估
計，不會是決定性的影響因素。臺灣能做的，除了強化本身的
軍事力量外，在中國大陸思維未改變前，消除發生誤判的可能
性，以及爭取國際勢力對大陸軍事行動形成牽制力量，以確保
臺海的安全與穩定。

第三節　如何解讀兩岸發生戰事的可能性

一、解讀方法

　　本書所涉及兩岸關係發生戰爭可能性的探討，因此屬於較
為宏觀層面的解析，以一般個別訪談的研究方法，恐怕無法一
窺全貌，所以本文所採取的研究方法是以文獻的研究分析比較
為主。軍事衝突的發生，難免涉及到兩造的內部因素，尤其是
臺灣內部的民族主義與大陸內部的民族主義，都處於高點的狀
態。對大陸而言，其民族主義的內涵是終於可以脫離自滿清末
年以來積弱不振，臺灣成為大陸民族主義找到出口的最後一塊
拼圖；對於臺灣而言，其民族主義的內涵則是在實質獨立運作

了六十餘年後，很難願意在另一個宗主國的指使下生存。在雙方不願妥協的情況下，發生戰爭的機率將升高，究竟兩岸能否在民族主義上有所妥協的相關文獻，也是探討臺海發生戰爭不可不進行比較研究的一環。

關於戰爭發生原因的比較研究可區分為兩方面，一方面是將中國歷史上有關統獨戰役與臺海未來可能發生的戰役來進行比較，另一方面則是將西方學者關於戰爭發生的觀點與兩岸發生戰爭的機率來進行比較。換言之，既會觀照到歷史的縱深，即從中外戰史分析借鑑中，觀察兩岸發生戰爭的引信被拆除的可能性有多高，也會探討當代對於戰爭發生的難以避免性，來論證兩岸終究難免一戰的趨勢是否已呈現不可逆的狀態。

此外，由於 1979 年制訂的「臺灣關係法」係美國的國內法，揭示美有協助臺灣自我防衛的義務，這也是美國持續對臺軍售的基礎。[27]然而，隨著中國大陸經濟與軍事實力日益強大，美國會否為了維護其霸權利益，而在臺海區域採取對大陸較為強硬的政策，進而引發軍事衝突，這部分的文獻也是本書要予以進行比較分析的。

---

[27] 美國在臺協會，《臺灣關係法》，1979 年 1 月 1 日，http://www.ait.org. tw/zh/taiwan—relations—act.html，2011 年 2 月 10 日取用。

二、解讀範圍

本書的研究範圍是從現在到 2020 年，甚至更久之超前性研究，超前性研究的基礎當然是以過去曾經發生，或可能發生後來因為某些因素轉變而未發生的事件為主。其目的不僅在預測未來可能發生的現象，更是根據未來可能發生的現象，來檢視目前的政策作為，是否有可以檢討的部分，以避免不願發生之事件的發生機率。就以美國為例，美國國防部曾於 1999 年公布研究報告《共同願景 2020》（*Joint Vision 2020*）[28]，以及馬歇爾所領軍的研究團隊的研究報告《亞洲 2025》（*Asia 2025*）等，[29]目的也都是希望透過超前性的研究，來達成預測及反省的目的。

不僅是美國國防部如此，美國國家情報委員會（National Intelligence Council）分別在 1997 年、2000 年、2004 年及 2008 年，公布四份非機密性研究報告：《2010 全球趨勢》（*Global Trends 2010*）[30]、《2015 全球趨勢：與非政府專家針對未來的

---

[28] Henry N. Shelton, *Joint Vision 2020,* (Washington D. C.: U.S. Government Printing Office), 2000.

[29] Andrew W. Marshall and James G Roche, Asia 2025, (Washington D. C.: U.S. Dept. of Defense), 1999.

[30] National Intelligence Council, Global Trends 2010, Dec 1997, http://

對話》（*Global Trends 2015: A Dialogue About the Future With Nongovernment Experts*）[31]、《繪製全球未來》（*Mapping Global Future*）[32]、《2025 全球趨勢：轉變中的世界》（*Global Trends 2025: A Transformed World*）[33]。由此可知，超前性研究不僅必要，而且可以幫助吾人在理解未來趨勢之餘，提前針對未來趨勢作出因應與調整作為。

第四節　解析兩岸發生戰事的架構與章節

一、解析架構

美國學者華茲（Kenneth N.Waltz 在題為《人類、國家與戰爭：理論的分析》（*Man, the State and War: A Theoretical*

---

www.dni.gov/nic/special_globaltrends2010.html#contents, accessed on 24 Feb, 2011.

[31] National Intelligence Council, *Global Trends 2015: A Dialogue About the Future With Nongovernment Experts,* Dec 2000. http://www.dni.gov/nic/ PDF_GIF_global/globaltrend2015.pdf, accessed on 24 Feb, 2011.

[32] National Intelligence Council, *Mapping Global Future,* Dec 2004, http:// www.foia.cia.gov/2020/2020.pdf, accessed on 24 Feb, 2011.

[33] National Intelligence Council, *Global Trends 2025: A Transformed World,* Dec 2008 http://www.dni.gov/nic/PDF_2025/2025_Global_Trends_Final_ Report.pdf, accessed on 24 Feb, 2011.

Analysis）的書中提到，戰爭發生的原因不外有三種。第一種是因為人類的行為因素，戰爭導源於自私、錯誤的偏激舉動，以及愚蠢的行為；其他因素是次要的，而且必須在人類行為的基礎上才得以解釋。[34]華茲進一步表示，若是戰爭發生的主要原因導源於人類行為，要弭平戰事就必須透過提升及啟發人類行為，或者是使其社會心理狀態得以調整到位。[35]

第二種戰爭發生的原因是國家為了提升內部的統一，若是一個國家被內部紛爭所困擾，與其在等待之中遭受意外攻擊，倒不如率先發動戰爭以帶來內部的和平。[36]至於第三種戰爭發生的原因，是因為在許多主權國家之間沒有法律體系有強制力，而且每一國家是根據自己對於理性與想望的解讀，來判斷本身的傷痛與企圖，就容易導致戰爭。[37]換言之，第三種可以說是在國際社會無政府的情況下，個別國家很容易因為誤判而走向戰爭。

就以兩岸發生戰爭的可能因素而言，第一種恐怕是可以用兩岸的民族主義來涵括，因為在兩岸民族主義各自高漲的情況

---

[34] Kenneth N.Waltz, *Man, the State and War: A Theoretical Analysis*, (NY: Columbia University Press, 2001), p.16.

[35] Ibid.

[36] Kenneth N.Waltz, *Man, the State and War: A Theoretical Analysis*, p.81.

[37] Kenneth N.Waltz, *Man, the State and War: A Theoretical Analysis*, p.159.

下,很容易會因為彼此的自私因素,或者是錯誤的偏激舉動而使兩岸走向戰爭。至於第二種原因,中國歷史上曾發生多次統獨戰役,其實又何嘗不是為了使內部能夠維持一個統一可控的局面,鄧小平在 1979 年發動慘勝的「懲越戰爭」,也是為了維持內部和平的局面,因此此一部分可以中國歷史中的統獨戰爭,來分析兩岸發生戰爭的可能性。

至於第三種戰爭發生的原因,由於臺灣問題是中國大陸的核心利益[38],維護臺海和平也是美國的重大利益。[39]一旦中國大陸認為本身的核心利益受損,必須使用武力保護,美國又基於要維護本身的重大利益而必須出手干涉,在國際社會缺乏強有力的法律體系制約的情況下,雙方發生軍事衝突的情況不能排除,臺灣自然而然就會深陷其中。尤其是美國是現存的霸權,中國大陸又是崛起中的強權,分屬全球第一與第二大的經濟體,雙方難免競爭多於合作,對於各自的立場來判斷本身的傷痛與企圖,走向軍事衝突的可能性就會大增。

---

[38] 請參見美國總統歐巴馬與中國大陸國家主席胡錦濤 2008 年與 2010 年的兩次聯合聲明,國白宮網站,http://www.whitehouse.gov/the-press-office/us-china-joint-statement,2011 年 1 月 21 日取用。

[39] 參見美國《臺灣關係法》。

　　至於華茲沒有提到，但是很可能會引發戰爭的第四種原因，就是戰爭的難以避免性。就如同約瑟夫・奈伊（Joseph S. Nye, Jr.）在其題為《瞭解國際衝突》的書中提到，如果奧國王子斐迪南（Franz Ferdinand）沒有在 1914 年被刺而引發危機，且一直到 1916 年都沒有發生戰爭，德國或許就會感到被嚇阻而不會冒險發動東西的雙線作戰。[40]同樣地，辛亥革命比預期時間早發生，也是因為有槍枝走火的關係。因此，兩岸雖然氣氛已比過去和緩許多，但是雙方既未建立應有的軍事信心建立措施，也還在繼續擴充軍備，難保那天沒有擦槍走火的可能性發生。尤其是當中國大陸軍事實力逐漸強大，若遇到頭腦發熱的政治領袖或軍頭，不耐久候統一大業遲遲未能有所進展，意外引發戰爭的可能性就大增。基於以上的分析，本書的研究架構如下：

---

[40] Joseph S. Nye, Jr., *Understanding International Conflicts: An Introduction to Theory and History* (2nd edition), (NY: Longman, 1997), pp.65–68.

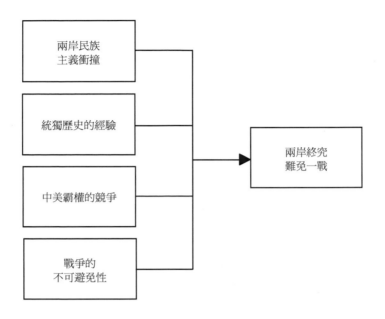

圖 1　解析架構圖

二、章節安排

　　基於上述的研究架構，本書的章節安排如下：第一章是導論，內容主要提出問題，說明本書的動機與目的，並且針對已有探討兩岸戰爭發生可能性的文獻進行初步分析。儘管 2008年國民黨重新執政以來，兩岸關係重新回到以「九二共識」為

基礎的互動模式之中，然而這不能解決兩岸長久以來就存在的主權爭議，只是將爭議暫時擱置而已。若是兩岸未能發展出雙方都可以接受之化解爭議的方式，戰爭爆發的可能性依然不能排除。更何況臺灣的民主政治制度，使國民黨與民進黨輪流執政成為常態，而民進黨在現階段是不接受與承認「九二共識」，一旦民進黨執政後，兩岸衝突的可能性將會增加。這也是第一章探討的重點。

第二章則著重探討兩岸民族主義在近年的發展及其影響。民族主義由於具有想像共同體的特質，[41]所以具有某種程度的排他性。在兩岸隔離數十年之後，原本雙方就缺乏共同想像的紐帶，再加上國民黨長期的反共教育，以及中國大陸官方及民間機構不時傳來打壓臺灣國際生存空間的訊息，更使兩岸民眾要有共同想像變得很困難。在兩岸缺乏共同想像的情況下，要使臺灣民眾想要心甘情願地與大陸民眾走在一起就更加困難。偏偏中國統一又是中國大陸民族主義的出口。在一方不願統一，另一方又有強烈意願及使命要統一的情況下，意味著要透過和平方式解決問題的可能性低，戰爭的風險性自然而然就會升高。

---

41 請參考本書第二章的論述內容。

　　第三章則是藉由檢視中國歷史統獨分合的過程，必然經過戰爭的階段，來探討兩岸的統獨關係，其實也面臨類似的現象。金門戰役及古寧頭戰役使臺灣實質獨立於中國大陸的管轄之外六十餘年，實際上亦印證了中國歷史的規律。儘管在臺灣有一部分人士認為臺灣地位未定，以此做為向國際社會訴求以住民自決方式獨立的機會，但是在中國大陸仍堅持臺灣是中國神聖不可分割領土一部分的情況下，[42]臺灣要脫離中國歷史的規律運作，似乎有點困難。因此，不論兩岸關係的未來走向是分是合，恐怕都可能用戰爭的方式來解決。尤其是在臺灣不願統，大陸又急於統的情況下，要不用使用武力方式解決，似乎沒有其他可能辦法。儘管對中國大陸而言，使用武力來解決臺灣問題，不是上上之策，可是清朝的康熙皇帝，若沒有使用武力，又如何統一臺灣呢？看到中國歷史最近統一的例子，兩岸若要強行統一，戰爭的手段似不可免。

　　第四章則是從國際社會無政府的形態出發，藉由探討現存的霸權與崛起的霸權之間，必然會有軍事衝突的因子。在沒有更高機構或組織來調解雙方競爭關係的情況下，雙方在爭霸的

---

[42] 見反分裂法內容，中華人民共和國全國人大，《反分裂國家法》，2005年 3 月 14 日，參見新華網 http://news.xinhuanet.com/taiwan/2005—03/14/content_2694168.htm，2011 年 2 月 16 日取用。

過程中發生擦槍走火之軍事衝突的可能性不能排除。從 1996
年 3 月美國國防部派遣兩艘航空母艦戰鬥群,來監控中國大陸
在臺海區域的軍事演習的事件觀察,美國與中國大陸之間未來
因為臺灣問題而出現類似 1996 年的劍拔弩張的可能性也不是
沒有。更何況當中國大陸成為全球第二大經濟體之後,現存霸
權的美國及崛起霸權的中國之間,難免會出現競爭多於合作的
現象。若是因為臺海區域出現不穩定的現象,或者雙方因為競
爭關係而以臺海議題為競爭的依據,則臺海區域發生軍事衝突
的可能性自然就大大地升高。

　　第五章則是藉由探討戰爭本身的不可預測性及難以避免
性,來論證兩岸發生戰爭的可能性似亦難以避免。誠如前述,
兩岸雖然氣氛已比過去和緩許多,但是雙方既未建立應有的軍
事信心建立措施,也還在繼續擴充軍備,難保那天沒有擦槍走
火的可能性發生。尤其是當中國大陸軍事實力逐漸強大,若遇
到頭腦發熱的政治領袖或軍頭,不耐久候統一大業遲遲未能有
所進展,意外引發戰爭的可能性就大增。特別是當中國大陸軍
方在軍事上愈來愈有自信,自認可以非常短的期限內解除臺
灣的防禦力量,發生戰爭的可能就會大增。

　　第六章則是本書的結論。結論分為兩大部分,第一部分是
藉由綜合整理引發臺海戰事的各項因素,來探討兩岸戰事是否

真的無法避免？不論是就兩岸民族主義的發展及其影響，中國歷史的統獨戰役，美中即將到來的衝突，以及戰爭本身所具有的難以避免性觀察，兩岸要避免戰爭的可能性的選項有限。結論的第二部分則著重探討在兩岸避免戰爭選項有限的情況下，若是仍然想要避免，雙方還有那些選項可供選擇。雙方當然也可能選擇無所作為，若果如此，則除了極少數人以外，大部分人不樂見的悲劇，大概就很難避免了。

第二章

兩岸民族主義的興起與可能的衝撞

第一節　何謂民族主義

　　傳統民族主義論者（nationalist）強調與使用共同血緣、歷史神話、宗教信仰、語言、風俗習慣等來區分民族的差異性[1]，然而因為此等劃分標準無法經得起檢驗，以致於逐漸被揚棄與取代。[2]晚近的民族主義論者，則轉而強調共同想像或建構共同想像來作為區隔不同民族的標準。

---

[1] 本書的民族一詞，即為英文的 nation，雖然在臺灣也有學者將 nation 認定為「國族」，但因無法論斷民族一定是有建立國家意圖的集團，所以不需要將 nation 認為就是「國族」。何況若將「國族」這個概念以 nation 來表現的話，就會陷入討論國家認同的僵局，因此本書仍以民族相稱。

[2] 江宜樺，《自由主義、民族主義與國家認同》，臺北：揚智出版社，1998 年，頁 65。另外黃昭堂、許極燉也都認為血統無法作為區分不同民族

　　安德森（Benedict R. O'Gorman Anderson）將民族定義為
想像的共同體（imagined communities）[3]。蓋納（Ernest Gellner）
主張民族是被創造出來的，因此他認為是先有民族主義再有
民族的形成[4]。霍布斯本（E. J. Hobsbawn）則表示，民族是特
定的時間與空間下的產物，國家與民族主義不是由民族所創造
出來的，相反地，是國家與民族主義創造出民族[5]。雖然有以
上對民族不同的定義，但這些論述的共通點，都是民族主義或
民族認同都是在民族形成前就已經存在。換言之，民族是建構
或被想像的產物，不是由血緣所決定。

　　普爾（Ross Poole）過去曾對安德森（Anderson）與蓋納
（Gellner）構成民族的條件說提出批評。普爾認為，他們主張

　　的依據，請參見黃昭堂，〈戰後臺灣獨立運動與臺灣民族主義的發
　　展〉，施正鋒編，《臺灣民族主義》，臺北：前衛主版社，1994 年，頁
　　200—201；許極燉，〈苦悶的民族〉，許極燉編，《尋找臺灣新地標：從
　　苦悶的歷史建構現代視野》，自立晚報文化出版社，1993 年，頁2。

[3] 班納迪克・安德森（Benedict R. O'Gorman Anderson），吳叡人譯，《想
　　像的共同體：民族主義的起源與散布》，臺北：時報出版社，1999 年。

[4] Ernest Gellner, *Nations and Nationalism*, (Ithaca: Cornell University
　　Press),1983,pp.6—7.與 Ernest Gellner, *Nationalism,* (New York: New
　　York University Press),1997,p.viii.（請參考 Gellner 之子 Daid N.Gellner
　　之序）

[5] E.J.Hobsbawa, *Nations and Nationalism Since 1780:Programme, Myth,
　　Reality*,2nd ed. (Cambridge: Cambridge University Press,1992), pp.9—10.

民族是在人們心中作為印象的想像之物，為近代化的產物，讓人感到有幾分的不合理。但是普爾僅提出文化來作為想像與產生的補充，沒有完全顛覆安德生與蓋納的理論。[6]因此，用「想像共同體」來作為不同民族的標準，已成為學術社群共同接受的共識。基於民族具備想像與形成的性質，接下來要探討的問題是，臺灣民族是如何被建構、被想像？或者更精確地說臺灣民族認同是如何被建構的呢？其過程已經結束或仍持續在進行？

第二節　臺灣民族主義的發展趨勢

民族基本上帶有建構的成份，因此就「臺灣認同」[7]的某種意義而言，實際上有建構臺灣民族的作用。有關臺灣民族的形成，學者之間有二個不同的意見。其中一派的主張認為，1895年臺灣被割讓給日本時的時間點，初步形成「臺灣民族主義」，然後受 1947 年的「228 事件」以及國民黨高壓統治而影響，才確立這股民族主義。例如，施正鋒指出，「臺灣人認同」主

6　Ross Poole, *Nation and Identity*, (London: Routledge, 1999), pp.9—43.

7　「臺灣認同」與「臺灣人認同」在本書中的意義相同，只是不同作者各自採取了他們方便的方式表達。

要是因為對日本殖民統治與國民黨高壓統治之直接反抗所產生。這二個外來政權所採取的手段相同，在進行政治壓迫的同時，強行實施同化政策，壓制土著文化的同時，否定該集團所擁有之認同。但是，民族的尊嚴往往就是在此壓抑中產生[8]。

陳少廷也主張「臺灣民族認同」的解放運動，是從日本統治時代即已開始出現，他指出「228 事件」的大屠殺喚醒臺灣人的認同意識，使臺灣人自覺是受壓迫的民族[9]。孫大川更具體主張 1895 年是「臺灣認同」形成的第一里程碑，儘管他認為此種論調雖然有一些問題需要加以分析、研究，但可以說大致離事實不遠[10]。然而另一派卻認為 1895 年「臺灣認同」就已確立，不是等到「228 事件」之後才確立。例如，施敏輝就曾批評，主張「臺灣認同」是在「228 事件」後才產生的人，是對歷史認識不充分[11]。

---

[8] 施正鋒，〈臺灣民族主義的意義〉，施正鋒編，《臺灣民族主義》，臺北：前衛出版社，1994 年，頁 8。

[9] 陳少廷，〈臺灣近代國家思想之形成〉，施正鋒編，《臺灣民族主義》，臺北：前衛出版社，1994 年，頁 240—246。

[10] 孫大川，〈一個新的族群空間的建構─臺灣泛原住民亦是的形成與發展〉，游盈隆編『民主鞏固與崩潰：臺灣 21 世紀的挑戰』，臺北：月旦出版社，1997 年，頁 157—158。

[11] 施敏輝，〈臺灣向前走──再論島內「臺灣意識」的論戰〉、施敏輝編，《臺灣意識論戰選集》，臺北：前衛出版社，1989 年，頁 27—30。

　　兩派之所以產生爭議的關鍵，應是「臺灣認同」是否相對
地獨立於中華（中國）民族主義之外而言。就如黃昭堂所指出
的，「臺灣人認同」雖然已在日據時代產生，但當時之「臺灣
人認同」還與中華（中國）民族主義相連結，而「228事件」
則是使其之間關係產生變化的重要轉折，因為「228事件」使
臺灣人告別中國人，臺灣要離開中國[12]。許極燉更明白表示，
雖然因為日本人長期統治，使「臺灣人認同」意識加深，但依
然仍在過去的「漢民族」認同的範圍內，沒有明確地顯現出來；
然後是在終戰後發生的「228事件」後，「臺灣民族認同」才
總算開始萌芽[13]。

　　換言之，兩派之所以出現爭議，實際上受到「臺灣認同」
與「臺灣民族認同」混用結果的影響。前者是單單將臺灣人作
為一個集團而不同於其他集團，尚未發展成為「民族認同」，
也就是「臺灣認同」並沒有離開中華（中國）民族的範疇，可
以說僅到達種族集團的階段。可是「臺灣民族認同」則是強調
與其他民族的區別，特別是與中華民族之不同，而不是依附在

---

[12] 黃昭堂，〈戰後臺灣獨立運動與臺灣民族主義的發展〉，施正鋒編，《臺
　　灣民族主義》，臺北：前衛出版社，1994年，頁200—201。

[13] 許極燉，〈「苦悶的民族」〉，許極燉編，《尋找臺灣新地標：從苦悶的歷
　　史建構現代視野》，臺北：自立晚報文化出版社，1994年，頁27—30。

中華民族之內。因為「臺灣認同」與「臺灣民族認同」兩者意
義之分歧,所以才會出現「臺灣民族認同」是「228 事件」發
生之後,才終於發展成熟的論調。

　　為闡明「臺灣民族認同」的形成時間,明確劃分臺灣民族
與中華民族的時期,就成為重要的關鍵。就算不去討論「228
事件」發生前臺灣人是否對「祖國」抱有夢想[14],臺灣人對臺
灣「光復」,也就是期待能回歸祖國(中國)一事卻是不能否
認的[15]。不然的話,臺灣人民也不會「恭候」手持鐵棍、磚瓦,
以及從南洋群島帶著三八式步槍之國民政府軍隊的到來[16]。這
也就是「臺灣民族認同」不是在「228 事件」之前,而是在之
後才形成的最好證據。日據時期,臺灣政治家並不是主張回歸
中國或臺灣獨立,而只是提倡要在日本政權下擴大臺灣人自

---

[14] 施敏輝認為,到「228 事件」為止臺灣人確實對「祖國」抱有夢想,
但該期待並不擁有實質基礎。請參考施敏輝,〈臺灣向前走──再論
島內「臺灣意識」的論戰〉,施敏輝編,《臺灣意識論戰選集》,臺北:
前衛出版社,1989 年,頁 27─30。

[15] 張茂桂,〈省籍問題與民族主義〉,張茂桂等著《族群關係與國家認
同》,臺北:業強出版社,1993 年,頁 240。

[16] 徐宗懋,《務實的臺灣人》,臺北:天下文化出版社,1995 年,頁 84;
吳乃德,〈省籍意識、政治支持與國家認同〉,張茂桂等著《族群關係
與國家認同》,臺北:業強出版社,1993 年,頁 30─31。

治的政治訴求[17]，當時這些政治人物是將臺灣想像為祖國的延伸[18]。由此更可以說明「臺灣認同」與「臺灣民族認同」的差異。

　　若從關於臺灣歷史的二本史書來看，兩者之分歧更加清楚。連橫在其所著《臺灣通史》的序言中表示，全篇的主旨為「臺灣通史起自隋代、終於割讓」[19]，另在「獨立紀」章節，說明了有關臺灣人知道臺灣被割讓給日本時的反應「臺民唯有自主，推擁賢者、權攝臺政。事平之後，當再請命中國，作何辦理」[20]。據此可以充分說明當時的「臺灣認同」與「中國認同」不是無法相容的關係。不過，與此相反的是，史明批評《臺灣通史》是基於中國人的立場與觀點所寫成的[21]，他主張臺灣經過反殖民鬥爭的四百年歷史，已經形成具備了經濟、社會、心理的單一特殊性社會。住在臺灣的人民，藉由這樣的歷史發展與變革，已建構完成了一個「臺灣民族」[22]。同樣是關於臺

---

[17]　彭明敏文教基金會編，《彭明敏看臺灣》，臺北：遠流出版社，1994 年，頁 87–88。

[18]　張茂桂，〈省籍問題與民族主義〉，頁 265。

[19]　連橫，《臺灣通史》，臺北：文海出版社，1980 年，頁 16。

[20]　連橫，《臺灣通史》，頁 94。

[21]　史明，《臺灣人四百年史》（中文版），臺北：蓬島文化公司，1980 年，頁 4。

[22]　史明，《臺灣不是中國的一部份：臺灣社會發展四百年史》，臺北：前衛出版社，1992 年，頁 22。

灣三、四百年歷史的論述，但在認知上產生隔閡的原因之一，
應是受到時空背景不同的影響。連橫的著作是在 1921 年出
版，也就是在「228 事件」之前，而史明的著作則是在「228
事件」後的 1962 年出版。可以確定的是，在形成「臺灣民族
認同」的過程中，「228 事件」就是重要的關鍵因素。

　　史明將荷蘭、鄭成功、清朝、日本與蔣介石政權都一樣視
為外來統治者，強調臺灣人具備了被支配者追求獨立與自由的
傳統，想要脫離由外來統治的四百多年的殖民支配，不斷地發
揮不屈不饒的精神堅持反抗到最後[23]。這種歷史觀以及因此而
形塑之「臺灣民族」的想像，被部分臺灣的政治菁英所接受。
其中表現最明確的時期，就是 1994 年底的臺灣省長選舉。當
時民進黨進行了「臺灣受外來者統治了四百年，四百年首次有
『臺灣人的手選出臺灣人』」政治動員[24]。然後李登輝在 1994
年接受日本作家司馬遼太郎的專訪時明確表示，「到今日為
止，掌握臺灣權力的全部是外來政權」[25]。另外，陳水扁先生
在就任中華民國第十任總統的就職演說中，特別強調臺灣因

---

[23] 史明，《臺灣不是中國的一部份：臺灣社會發展四百年史》，22—23 頁。
[24] 張茂桂，〈談「身份認同政治」的幾個問題〉，游盈隆編，《民主鞏固
　　或崩潰：臺灣 21 世紀的挑戰》，臺北：月旦出版社，1997 年，101 頁。
[25] 李登輝，《經營大臺灣》，臺北：遠流出版社，1995 年，477 頁。

為璀麗的山川風貌，四百年前就稱為「福爾摩沙——美麗之島」[26]。這些發言很明顯地是受了從臺灣四百年歷史的觀點以及由此產生之「臺灣民族」想像共同體的強烈影響。

　　只是缺乏原住民與 1949 年以後才來臺的外省人（或稱新住民）的共同想像之臺灣民族，是不完整的。就如同張茂桂所指出的，這種民族的重建，所面對的問題是將如何看待佔臺灣 15%的外省族群、7%的客家族群與原住民，以及如何賦予他們一個安全感並有尊嚴的族群位置。[27]因此，雖然史明強調「在臺灣的歷史、社會發展過程中，今日的原住民也是『臺灣民族』不可或缺的一員，這是不變的事實」[28]，可是原住民作家夷將・拔路兒（漢名：劉文雄）卻不承認此點，並且因而指出，今天有許多臺灣人仍然停留在四百年的臺灣歷史觀，好像四百年前的臺灣，沒有住人一般地想法，使許多的原住民不僅沒有對「四十年來」的論調有共鳴，也很難接受「四百年以來」的歷史觀[29]。

---

[26] 陳水扁，中華民國第十任總統就職演說全文，《聯合報》，2000 年 5 月 21 日，13 頁。

[27] 張茂桂，〈省籍問題與民族主義〉，頁 259。

[28] 史明，《臺灣不是中國的一部份：臺灣社會發展四百年史》，22 頁。

[29] 夷將・拔路兒在「族群關係跟臺灣民族的形成」的座談會上敘述之意見。施正鋒編，《臺灣民族主義》，臺北：前衛出版社，1994 年，頁 331—332。

由於四百年臺灣歷史觀因為與所謂的國家認同的觀念重疊，當然就會將自 1949 年以後來到臺灣的「外省人」排除於臺灣民族之外。因此，「支持臺灣獨立的人才是臺灣人」、「只有『外省人臺灣獨立促進會』的外省人才是臺灣人」等的論調會出現一點也不奇怪[30]。但是，藉由修正這種封閉的臺灣民族的想像，緩和對外省人的蔑視、認知他們也是臺灣人，呼籲以許多臺灣人共通的「臺灣認同」或「臺灣人認同」來對抗中共[31]，才能讓「臺灣民族」的想像克竟全功。

基於想像共同體的動力，不一定來自於被壓迫的經驗，而是來自於集體的生活經驗與道德需要，[32]因此如何透過集體的生活經驗來建構新的民族想像，使各族群都能被納入，就顯得非常必要。許信良在其著作《新興民族》中指出，臺灣正開始要作為一個新興民族興起，因此臺灣民族具有同時代其他民族

---

[30] 陳昭瑛，《臺灣文學與本土化運動》，臺北：正中書局，1998 年，頁184。

[31] 戴國輝與陳映真，〈「臺灣人意識」、「臺灣民族」的虛像與真相〉，施敏輝編，《臺灣意識論戰選集》，臺北：前衛出版社，1989 年，頁 84—85；黃昭堂指出臺灣民族主義為了從「臺灣人對中國人」模式轉為「臺灣人對中國的中國人」模式，「臺灣的中國人」已經無法自臺灣民族中排除，參見黃昭堂，〈戰後臺灣獨立運動與臺灣民族主義的發展〉，頁218。

[32] 張茂桂，〈省籍問題與民族主義〉，頁 271。

所無法比較的特別能力，那就是比與同時代的其他民族更瞭解自己，擁有更旺盛的活動力[33]。許氏的說法，實際上就是運用集體的生活經驗來另創新興民族。另外，吳叡人引用瑞南（Ernest Renan）有關對民族的定義部分「所謂民族的存在，是每日進行的公民投票」，將此作為民族想像的根本。另將「每日進行的公民投票」作為「民族」存在的象徵，以實現超越階級、種族集團、性別等境界，形成極為大範圍的結盟與同一集團性[34]，恐也是基於同樣的理由。凡此都說明新「臺灣民族」的建構，已日趨成熟。

　　由於族群身分和政治態度及行為有因果關係，尤其會表現在國家認同方面。[35]因此若大部分臺灣人具有「臺灣民族認同」的想像，即使不認同中華民國可以代表他們，但是不傾向統一的意向會是非常強烈的。根據 2000 年 5 月到 2008 年 10 月陸委會委託六個民意調查機構所作例行性民意調查顯示，臺灣民眾主張統一者（含儘快統一與維持現狀以後統一）平均約 15%

---

[33] 許信良，《新興民族》，臺北：遠流出版社，1995 年 3 月，頁 15—20。

[34] 吳叡人，〈民主化的弔詭與兩難：對於臺灣民族主義的再思考〉，游盈隆編，《民主鞏固或崩潰：臺灣 21 世紀的挑戰》，臺北：月旦出版社，1997 年，頁 36。

[35] 吳乃德，〈省籍意識、政治支持與國家認同〉，頁 40—41。

左右。[36]換言之，有大約有 85%的臺灣民眾是不傾向統一。而且傾向統一的數字，不但沒有因為國民黨重新執政而增加，反而是在下降當中。根據 2008 年 3 月後所做的 3 次民調顯示，分別是 3 月的 12.2%、8 月的 9.8%以及 10 月的 6.2%。[37]在臺灣民眾不願與大陸統一、大陸又將與臺灣統一視為是必完成之歷史使命的情況下，兩岸要避免民族主義的衝撞的難度頗高。

第三節　大陸民族主義的發展趨勢

隨著冷戰的結束，共產主義的退潮，自由民主的浪潮並未如預期在全世界發生，在中國大陸反而新起了新一波民族主義的浪潮。[38]這一波新的民族主義的浪潮不僅只是表現在國家機器與知識分子的論述當中，它更成為普羅大眾所擁抱的思

---

[36] 轉引自張五岳，〈推動兩岸合作機制的策略布局：從朝野對話到社會共識的建立〉，蔡朝明編，《馬總統執政後的兩岸新局：論兩岸關係新路向》，臺北：遠景基金會，2009 年，頁 58。

[37] 同上註。

[38] 鄭永年，〈中國新一波民族主義〉，林佳龍、鄭永年編，《民族主義與兩岸關係》，臺北：新自然出版社，2001 年，頁 21—40；吳國光，〈中國民族主義的歷史變遷〉，林佳龍、鄭永年編，《民族主義與兩岸關係》，臺北：新自然出版社，2001 年，頁 317—334；Suisheng Zhao, *A Nation—State by Construction,* (Stanford: Stanford University Press, 2004), pp.1—7.

想。例如美籍大陸學者趙穗生就表示，在國家的層次，在共產主義式微後，中國共產黨重新發現民族主義的益處，它可以有效地強化國民對黨和國家的效忠；知識分子則開始寫書及文章推崇民族主義，認為民族主義是不可避免的，而且是提昇國家利益的一種理性選擇；至於普羅大眾則可從「可以說不」為名的書大賣以及出現「毛澤東熱」，說明他們呈現擁抱民族主義之現象。[39]

　　此種新一波的民族主義與 20 世紀初的民族主義最大的不同，在於前一波的民族主義之主要內容是對政府腐敗的批評，以及對廉能政府的追求。[40]但是新一波的民族主義卻是支持並強化現政權合法性和現行政治制度的權威，也都強調政治穩定而不是政治變革的重要性。[41]換言之，前一波的民族主義因為是國家與社會是處於分立的情況下，所以民主會伴隨著民族主義而行，最終建立了亞洲第一個民主共和國——中華民國；但是新一波民族主義浪潮中，由於國家與社會是緊緊結合在一起，於是不僅對於民主改革沒有任何助益，反映在對外事務上反而是一種激烈的排外行為，尤其是在反美及反日的民族主義情緒上。

---

[39] Suisheng Zhao, *A Nation—State by Construction,* pp.8—11.

[40] 吳國光，〈中國民族主義的歷史變遷〉，頁 321—323。

[41] 同上註。

　　1999 年 5 月發生南斯拉夫中國大使館遭美國軍機誤炸事件，雖然是美國與中國大陸的衝突，但是看在曾經與中國有發生兩次戰爭的日本專家學者的眼裡，就顯得有格外不同的意義。日本專家宮崎正弘針對炸館事件描述到：中國各地均熱烈掀起狂熱的反美活動，甚至連北京的美國使館都被投入無數的火餤彈；過激的民族主義情緒一旦被掀起，其結果將難以收拾；當時連上映好萊塢影片的電影院，甚至一般民眾常去的麥當勞，都不得不增加警備，以防遭暴動波及。[42]另外宮崎正弘也認為，中國人不知善後的方法，在狂熱的氣氛中，如果有人試圖加以約束、淡化，即會遭到周邊人群的攻擊。胡耀邦和趙紫陽都是因此下臺，因此誰都不願步其後塵再重蹈覆轍。[43]雖然胡耀邦和趙紫陽下臺不完全是受到民族主義的影響，但是此種排外的民族主義，的確也為中國大陸政府在處理上增加了難度。例如，鄭永年就表示，1999 年 5 月發生南斯拉夫中國大使館遭美國軍機誤炸事件，導致的反西方民族主義運動是民族

---

[42] 宮崎正弘，李明峻譯，《美中對決的時代來了》，臺北：前衛，2003 年 3 月，頁 6。

[43] 宮崎正弘，李明峻譯，《美中對決的時代來了》，臺北：前衛，2003 年 3 月，頁 7。

主義的現身說法，不僅使西方世界感受到了壓力，中國大陸政府本身也承受了巨大的政治壓力。[44]

　　只是新一波的民族主義由於是國家與社會結合的結果，因此即使政府有處理上的壓力，但是終究仍在可控的範圍內。因為若是失控，則並不符合國家與社會的整體利益。也正因為此種民族主義的特性，讓人更感到擔憂，因為中國大陸政府隨時可以藉由發動民間的民族主義情緒來達成其對外交涉的目的。曾任美國國務院主管東亞的副助卿謝淑麗就曾表示：「大學當局在政府的要求下，還準備了交通車，把學生載到美國大使館外抗議。公安袖手旁觀，任憑暴力事件發生，只有在示威者企圖闖入美國大使館時，才出面干涉。江澤民派胡錦濤上電視除表達中國政府對示威者的支持，但也警告不可太過分，所有行動必須維持良好秩序。」[45]由此可見，中國大陸政府愈來愈有能力將民族主義情緒，維持在處理外部難題上，而不使其轉為對內部政權的威脅。

　　中國大陸政府主導民族主義情緒的能力，在 2001 年中美軍機擦撞事件上，更是顯露無疑。美國一架載著二十四名機員

---

[44] 鄭永年，〈中國新一波民族主義〉，2001 年，頁 21。

[45] 謝淑麗，溫洽溢譯，《脆弱的強權：在中國崛起的背後》，臺北：遠流，2008 年，頁 262—264。

的軍用偵察機，在距海南島南方七十海浬的海域，與一架解放軍海軍所屬的殲八二型戰機發生擦撞，殲八二型戰機墜海，飛行員喪生，美國偵察機迫降海南島海軍所屬的基地，機上全體機組員遭扣留達十一天。[46]據謝淑麗表示：「中國政府收到書面道歉後，不讓美國偵察機修復返航，而執意要分解運回美國，因為解放軍高階將領指出：『我們不同意讓飛機返航，因為民眾不會接受』；也有位大校告訴她：『若非大學當局阻止學生上街頭，恐怕四處可見示威的人群。』」[47]

　　中國大陸民眾此種民族主義情緒，更是強烈反映在與中國曾發生兩次戰爭的日本身上。例如，中國大陸演藝人員趙薇2001 年夏天在美國曼哈頓為《時裝》雜誌拍攝春夏服裝的宣傳照片，其中一張照片（刊載於《時裝》雜誌 2001 年第 9 期）被指責服裝圖案酷似日本軍旗，在社會上引起了很大爭議。2001 年 12 月 28 日晚，趙薇應邀參加湖南經濟電視臺舉辦的六周年臺慶《情深深雨濛濛新年演唱會》，演唱到最後一首歌時，一男子衝上舞臺撞倒趙薇，並向其潑糞。此外，趙薇繼通

---

[46] 謝淑麗，溫洽溢譯，《脆弱的強權：在中國崛起的背後》，頁 286。
[47] 謝淑麗，溫洽溢譯，《脆弱的強權：在中國崛起的背後》，頁 288—289。

過相關平面媒體發佈致歉公開信後，又接受《娛樂現場》的電
視採訪並再次公開向全國人民道歉。[48]

　　針對趙薇的日本軍旗事件，有一群南京大屠殺倖存者，特
別聯名發表寫給趙薇的一封公開信，內容要旨為：「在『軍旗
事件』以前，我們一直認為你是能夠用自己的言行影響青少年
一代的楷模，是少年才俊的精英，但令我們始料不及的是，你
卻公然把日本軍旗圖形的衣服穿在身上，你的這種行為不僅是
對我們這些當年受過侵華日軍蹂躪的倖存者的羞辱，更是對整
個華夏民族的背叛」。[49]看到趙薇的無心之過，居然引起如此
大的風波，就可理解中國民族主義的情緒有多麼的強烈。所
以，當媒體報導中國大陸愛國球迷在日本足球隊擊敗中國隊後
滋事，就可完全理解是怎麼一回事。

　　時序轉到 2004 年 8 月 7 日，亞洲杯足球賽日本隊以 3 比
1 戰勝中國隊。根據英國國家廣播公司（BBC）的報導，在衛
冕冠軍日本隊再次捧起亞洲杯冠軍獎盃之時，數百名中國球迷

---

[48] 人民網，〈「潑糞」襲擊趙薇的男子首次披露詳情〉http://www.people.
com.cn/GB/wenyu/64/129/20020301/677216.html，2008 年 1 月 6 日
取用。

[49] 人民網，〈南京大屠殺倖存者聯名寫給趙薇的一封公開信〉，http://www.
people.com.cn/GB/wenyu/64/129/20011206/620666.html，2008 年 1 月 6
日取用。

與北京工人體育場外的防暴員警發生了衝突，球迷向員警扔擲礦泉水瓶，並大聲辱罵。還有球迷焚燒日本國旗，並且呼籲抵制日貨。[50]賽場內大約兩千名日本球迷與中國球迷被好幾排便衣保安人員隔開，而體育場外的混亂局面導致這些日本球迷在比賽結束後數小時才得以離開體育場。BBC 駐北京記者林慕蓮表示，由於中國目前的民族主義情緒日益高漲，中國球迷這次在亞洲杯上的表現對中國 4 年後在奧運會上能否控制民族主義情緒提出了問題；日本的媒體已經就此提出了質疑，而中國球迷在亞洲杯決賽上的表現更加深了這種疑慮。[51]

此外，同時掀起中國大陸網民對美、日的民族主義情緒的莫過於章子怡的假懷孕事件。根據媒體報導，原本被視為「中華民族之光」的大陸知名女影星章子怡，於 2007 年 7 月 26 日前往廣州參加一場活動時，遭眼尖的媒體發現「小腹略顯隆起」，媒體與數個大陸知名入口網站紛紛對此大做文章。之後就是一連串誰是肚裡「親爹」的臆測，網友與粉絲們紛指向近來感情打得火熱的美國男友。現在「中華之光」竟獻身懷了美

---

[50] 英國國家廣播公司，〈日本蟬聯亞洲杯中國球迷場外抗議〉，2008 年 1 月 6 日取用。http://news.bbc.co.uk/chinese/simp/hi/newsid_3540000/newsid_3545500/3545546.stm，2008 年 1 月 6 日取用。

[51] 同上註。

帝子民鷹種，此種喪權辱國行徑豈能容忍，網友們在網站論壇上開始痛斥：「章子怡在世人面前給中國穿破鞋」，新仇再加上對章以中國人身分拍攝小日本《藝妓回憶錄》的舊恨，網站論壇猛批章子怡，稱她不配作象徵中國文化的中國文化傳播者，再加上先前章子怡在日本拍攝的廣告因出現裸露背部畫面，已遭許多大陸網友抨擊，一場交織著日本侵華血淚史、美帝圍堵中國崛起的民族主義狂潮，開始流傳於大陸網站論壇。[52]最後不得不驚動中共喉舌《人民日報》於隔日（廿七日）立即刊載署名「奚旭初」的《章子怡懷不懷孕與你媒體何干？》評論文章，從媒體的公器稀缺性角度，痛斥傳媒炒作章子怡新聞。[53]

　　不論是中國駐南國大使館被炸事件、中美軍機擦撞事件、趙薇的日本軍旗事件、中日足球賽球迷鬧事及章子怡假懷孕事件，都可發現中國大陸民眾具有強烈的反美與反日民族主情緒，中國大陸對於美、日的民族主義情緒高漲，有歷史的因素，也有現實的因素。同樣的民族主義情緒在對臺灣問題上也同樣的強烈。就如同郝雨凡與張燕冬所言，臺灣問題從某種意義而言，是自鴉片戰爭以來外國列強侵略和欺辱中國的象徵。長期

---

[52] 林克倫，〈章子怡掀民族情仇、人民日報制止〉，《中國時報》，2007 年 7 月 30 日，版 15。

[53] 同上註。

以來，中國人對西方在 19 世紀強加在中國人民頭上的「不平
等條約」和喪權辱國的晚清政府深惡痛絕，一直為了徹底結束
西方列強對中國的凌辱，收復失地而鬥爭。[54]當臺灣問題已成
為中國洗刷西方列強歷史侵凌的象徵，自然就會對於臺灣獨立
的問題有高度的敏感性，將臺獨定位為等於戰爭就很可以理
解。不過這股強烈的民族主義難道不會失控嗎？

　　中國社會調查事務所（SSIC）於前總統陳水扁發表第一任
就職演說前兩日，完成一份大陸民眾對解決臺灣問題態度的民
意調查。調查係在該所所長李冬民研究員主持下完成，授權香
港《文匯報》獨家披露，就相關在北京、上海、廣州、武漢、
長沙、重慶、哈爾濱等城市進行了電腦輔助電話快速調查，共
獲得有效樣本 1,689 份。[55]該次調查顯示，百分之九十五點四
的受訪者認為必須使用武力才能解決臺灣問題，其中百分之九
十二的受訪者認為遲打不如早打，他們說，現在是武力收回臺
灣的最佳時機，愈拖下去，對統一愈不利。百分之百的受訪者
認為兩岸關係能否緩和、改善和發展，關鍵在於臺灣方面能否

[54] 郝雨凡、張燕冬，《無形的手：與美國中國問題專家點評中美關係》，
　　2000 年，北京：新華出版社，頁 180。
[55] 多聞新聞，〈武力攻臺：九成大陸人支持〉，2000 年 5 月 19 日，
　　http://members.multimania.co.uk/chinaweekly/html/181.htm，2008 年 1
　　月 7 日取用。

承認和堅持一個中國的原則。89.5%受訪者認為臺灣當選領導人對祖國大陸提出的一個中國原則之所以採取迴避和抗拒的態度，是因為臺灣當局要利用祖國大陸的對臺貿易政策，進一步發展臺獨勢力，以達到他們分裂祖國的政治目的。[56]

　　根據中國社會調查事務所廣東分所披露總所的簡介，該所於 1985 年成立，是中國大陸最先成立的民意測驗與社會調查的權威機構。該所總部設北京市委黨校大院，下設辦公室、研究、教育、編輯、國內調查、國際調查、農村調查、投資調查、法律調查部、新聞調查部等部門，同時設有政府績效評價中心、民意調查中心、政策法規中心、企業調查中心、臺商協調中心、港澳臺事務中心等。目前在大陸各省、自治區、直轄市均設置有分所和分支機構以及一萬多人的調查員、兩百多名研究員、一百餘名特派員。[57]這麼龐大的調查組織，且總部設在北京市黨委，若沒有官方的支持恐怕無法有效運作，儘管其調查結果難脫官方的刻意炒作，不過公布如此高的民調數字，對

---

[56]　同上註。
[57]　中國社會調查事務所廣東分所，〈中國社會調查事務所廣東分所簡介〉，2009 年 8 月 http://www.gov12365.org/Article/TypeArticle.asp?ModelID=1&ID=190，2011 年 8 月 17 日取用。

於形塑民意及煽動民族主義情緒有一定的影響，無形中會對兩岸必須透過武力解決統一問題，投下相當大的變數。

第四節　兩岸民族主義可能的衝撞

如前所述，臺灣與大陸的民族主義都在上漲當中，雙方並沒有因為情勢和緩而使得民族主義的情緒得到舒緩。尤其是臺灣愈來愈強烈的臺灣認同，以及大陸民族主義仍將國家統一視為是追求的目標之一，[58]在此種雙方差距愈來愈大而且是統獨背道而馳，或至少是不統與統一背道而馳的情況下，未來要避免此種民族主義衝撞的難度似乎很高。基此，有部分大陸出身的學者有此種擔心，也就不令人特別感到意外。

例如，大陸學者周建明就表示，臺灣問題強化了而不是弱化了中華民族，把自己建設成為一個具有強大實力民族的決心，使中國人民認識到解決臺灣問題的複雜性，但堅定了完成統一大業的決心，也作了「不惜流血犧牲」來實現統一的準備。[59]另外他也指出，最後完成統一，不僅是中華民族進一步

---

[58] 周建明，〈中國民族主義與臺灣問題〉，林佳龍、鄭永年編，《民族主義與兩岸關係》，臺北：新自然出版社，2001年，頁389—408。

[59] 周建明，〈中國民族主義與臺灣問題〉，頁405。

發展的條件，也是中華民族作為一個主權獨立的國家，不再受世界強權欺負的標誌。[60]周建明用不惜流血犧牲來表達大陸民眾完成國家統一的決心，當然意味著必要時必須使用武力達成統一的目標。至於刻意用「中華民族」而不是用「中國」或「中華人民共和國」來形容「主權獨立的國家」，應該有將臺灣包含在中華民族範圍內的用意。然而「臺灣民族主義」卻已經將自己從「中華民族意識」中獨立出來，再加上臺灣的民意不傾向統一的居多，凡此都顯示兩岸民族主義無可避免地會面臨衝撞的難題。

　　大陸美籍學者王飛凌更用「中華悲劇」，來描述「海峽兩岸即將來臨的民族主義大衝突」。[61]他認為隨著臺灣新創民族主義的興起，臺北正在努力積極地將中國未完結的內戰變成一場國際爭端，從而尋求與北京達成某種妥協來得到臺灣的政治獨立和民族國家地位；而隨著中國大陸的民族主義的高漲以及中國內戰歷史事實的存在，北京為了維護其自身的政治生存和國家主權是不可能讓臺灣成為另一個民族國家。[62]因此，王飛

60　同上註。

61　王飛凌，〈中華悲劇：海峽兩岸即將來臨的民族主義大衝突〉，林佳龍、鄭永年編，《民族主義與兩岸關係》，臺北：新自然出版社，2001年，頁409─432。

62　王飛凌，〈中華悲劇：海峽兩岸即將來臨的民族主義大衝突〉，頁423。

凌指出，北京和臺北就被鎖進了一個民族大衝突的軌道，而這一大衝突還會隨著海峽兩岸的經濟發展和政治民主化進程，進一步強化或激化，這就是即將到來中華悲劇的實質。[63]

　　儘管美國中國問題專家謝淑麗曾表示，中國人普遍相信，共產黨要是按兵不動，任由臺灣獨立，政權恐怕會不保，但是她也認為中國人很少人說清楚，他們何以認為臺灣危機會導致共產黨的崩潰，因為事實上只要接觸到北京權力菁英以外的人，自然會發現「沉默的大多數」，關心經濟發展更勝於臺灣問題。[64]不過，她也坦承共產黨統治的訴求最重要的就是提高生活水準，其次就是民族主義。既然共產黨強調身負民族主義的使命，唯有中國強大到完成統一，才能洗刷「百年恥辱」，所有主張中國統一的人都有同樣的訴求：中國對臺灣的態度無涉領土，而是關乎國家尊嚴。[65]換言之，一旦臺灣問題涉及到尊嚴問題，也就會出現有理說不清的現象，這恐怕是為何中國人很少能夠說清楚的原因。或許將臺灣問題與共產黨的存續緊緊掛在一起，是一種迷思，然而就像謝淑麗所言，此種連結已經自成一個政治現實，所以一旦槍聲響起，中國人勢必會團結

---

[63] 王飛凌，〈中華悲劇：海峽兩岸即將來臨的民族主義大衝突〉，頁426。
[64] 謝淑麗，溫洽溢譯，《脆弱的強權：在中國崛起的背後》，頁229—231。
[65] 謝淑麗，溫洽溢譯，《脆弱的強權：在中國崛起的背後》，頁230—231。

在中華人民共和國的紅旗下。[66]或許就是這樣的現實，才讓王飛凌對於即將到來的兩岸民族主義大衝突感到憂心忡忡。

當然不只是大陸或者大陸旅外及美國學者對於兩岸民族主義的衝突有所擔心。臺灣學者又何嘗不擔心呢？2011 年 1 月應兩岸統合學會之邀，至澳洲雪梨南天寺參加名為「史觀、論述、政策、認同」研討會且具藍營背景的臺灣學者，對於兩岸認同的斷裂，顯然比大陸學者來得焦慮不安。[67]臺灣學者疾呼，兩岸認同正在快速斷裂，年青一代認為自己是中國人的比例已經很少，再下一代根本沒有人會認同自己是中國人，「時間似乎站在臺獨這一邊」。[68]顯然中國人身份認同的逐漸消失，並沒有因為被認為傾中的中國國民黨再度執政而減緩，一旦大陸方面認為臺海情勢符合「反分裂法」中採取非和平方式的條件之一──和平統一的可能性完全喪失，誰又能保證兩岸不會因為民族主義的衝撞而兵戎相見呢？

---

[66] 謝淑麗，溫洽溢譯，《脆弱的強權：在中國崛起的背後》，頁 231－232。

[67] 旺報，〈中國人身份認同正在臺灣逐漸消失專家憂心忡忡〉，《旺報》，2011 年 1 月 22 日，頁 A12。

[68] 同上註。

第三章

中國歷史上的統一與分裂的戰役

　　雖然對於「臺灣民族主義」者而言，臺灣的歷史並不隸屬於中國的歷史的一部分，但是「中華民族主義」者卻不這麼認為。因此，兩岸除了民族主義衝撞可能導致兩岸兵戎相見之外，若從中國歷史有關統獨的戰役來觀察兩岸是終究難免一戰，也是具有非常高的參考價值。

第一節　統一的戰爭

　　拋開中國春秋、戰國連年爭戰不休不談，中國歷代的統一戰爭就屬秦王統一中國開先趨，統一戰爭的時間與統一中國的國家如表 3-1。

表 3-1　統一戰爭的時間與發動國家

時間	發動國家
西元前 236-221 年	秦統一六國
西元 263-280	晉統一三國
西元 581-589	隋統一南北朝
西元 962-979	宋統一五代十國
西元 1235-1279	元統一南宋
西元 1645-1683	清統一南明與臺灣
西元 2020？	中華人民共和國統一臺灣

資料來源：作者自製。

　　秦王政統一中國之戰，起於秦王政十七年（公元前 230 年）滅韓之戰，依序攻滅趙、燕、魏、楚，最後消滅齊，至秦王政二十六年（公元前 221 年）完成統一，前後歷經十年的征戰。[1]如果把滅韓之前在秦王政十一年（公元前 236 年）對趙國所展開的戰役計入的話，那前後征戰時間更高達十六年。[2]七

---

[1]　張曉生、劉文彥，《中國古代戰爭通覽（一）》，臺北：雲龍出版社，1990 年 7 月，頁 149－154；陳籽伶，《影響中國的 100 個戰爭》，臺北：好讀出版社，1990 年 7 月，頁 149－154。

[2]　張曉生、劉文彥，《中國古代戰爭通覽（一）》，頁 151；何敏求，《中國歷代戰爭史簡編》，臺北：黎明出版社，1993 年 3 月，頁 69。

國不是沒有和平共處的機會，可是卻仍是以戰爭來達成統一，這也說明和平共處之不易。

　　西元 207 年的赤壁之戰奠定三國鼎立的態勢，此種態勢在西元 263 年被打破，時任魏國相國司馬昭派兵消滅蜀漢；西元 265 年司馬昭之子司馬炎，因父死而繼承相國職位，不久後自行登上皇位改國號為晉，西元 280 年成功滅吳，使中國復歸統一。[3]從西元 207 年到 280 年，三國各自獨立的狀態維持了七十三年，最後仍然是透過戰爭的方式達成統一，在這七十三年之間三方征戰無數，更不要說透過和平的方式協商統一。當然三方征戰的結果，誰也沒有得到好處，因為最後既非姓孫、曹、劉稱帝，而是由司馬氏稱帝，征戰的意義究竟在何處？西晉統一中國的狀態並未維持多久，西元 316 年長安為凶奴漢國所攻陷，愍帝被俘，西晉滅亡，統一狀態的持續不過三十六年。[4]如果把按照史家的分期，將西元 307 年琅玡王睿鎮建康視為是東晉的開始，那統一狀態將更縮短為二十七年。西晉滅亡後，中國就陷入南北朝混戰的時代，直到隋朝經過戰爭才重新回到統一的狀態。

---

[3]　何敏求，《中國歷代戰爭史簡編》，頁 135—143；陳籽伶，《影響中國的 100 個戰爭》，頁 152—159。

[4]　陳籽伶，《影響中國的 100 個戰爭》，頁 161。

西元 581 年隋高祖楊堅代周而有天下，西元 589 年攻滅南方的陳國，分裂兩百八十餘年的中國復歸統一。[5]隋滅陳之戰固然是兵力懸殊之故，當時楊堅率水陸軍四十餘萬兵力攻陳，陳國僅能以十餘萬人應戰。[6]不過，真正敗戰的原因，倒不是兵力懸殊的緣故。因為若果如此，則東晉謝安八萬兵力將永無戰勝前秦苻堅九十萬大軍的可能性，真正勝敗的關鍵在於雙方的政略。隋國在攻滅陳國之前，進行一連串的施政作為，如改官制、固國防、鑄五銖錢、輕民賦、開漕運等，行之數年後，國勢益盛。[7]反觀位於江南的陳朝卻是君昏臣奸、腐朽沒落，再加上與敵對陣時大軍無統帥，首尾進退各不相知，終至種下敗亡的命運。[8]借鑑東晉與前秦戰爭，以及隋陳之戰的經驗，臺灣若要打贏拒統戰爭，勵精圖治與團結一致對外恐怕是必不可少。

隋朝至西元 624 年起為唐朝所代，至西元 904 年唐為後梁所篡的三百一十五年間，中國基本處於統一的狀態。隋朝雖有

5　何敏求，《中國歷代戰爭史簡編》，頁 201。另一說為達 300 年，請參見張曉生、劉文彥，《中國古代戰爭通覽（一）》，頁 582。

6　張曉生、劉文彥，《中國古代戰爭通覽（一）》，頁 578—582；何敏求，《中國歷代戰爭史簡編》，頁 207。

7　何敏求，《中國歷代戰爭史簡編》，頁 207—208。

8　何敏求，《中國歷代戰爭史簡編》，頁 208。

官員對內政有不同意見而公開反隋，唐朝時期外雖有東突厥襲擾，內有安史及黃巢之亂，但並未對中國的統一狀態造成影響。後梁篡唐後的中國隨即陷入五代十國的混沌狀態，直至宋太祖才回復統一的狀態。

　　宋太祖趙匡胤於公元 960 年篡周立國，當時藩鎮割據的局面依然未變，除北方的契丹外，尚有南平、武平、後蜀、南漢、南唐、吳越及北漢。[9]西元 962 年趙匡胤展開統一中國的戰爭，先後攻滅南平、武平、後蜀、南漢、南唐，趙匡胤去世後由其弟趙光義繼位，先逼迫吳越王獻出西浙，並於西元 979 年攻滅北漢，中國復歸統一。[10]嚴格地說，當時的中國並未真正統一，若未將將遼、金、西夏等北方政權計算在內，中國當然可以算統一，不過也只能是對南方及中原地區的統一。[11]若以今日的疆界劃分，中國真正的統一是屬蒙古族的元朝。尤其是南宋，其領土比北宋又減少不少，且偏安杭州，若非采石一役，國土恐將不保。由此可見，統一與否與史家對於領土的認定也有關係。

---

[9]　陳籽伶，《影響中國的 100 個戰爭》，頁 221—223。
[10]　同上註。
[11]　蘇州虞，《中國古代重要戰爭》，臺北：玉樹圖書出版社，1997 年，頁 112。

　　宋蒙戰爭自西元 1235 年全面爆發，久戰至 1279 年的崖山之戰南宋才滅亡。其中 1259 年四川合州釣魚城之戰是影響深遠的一場戰役，也正因為這場戰爭蒙軍未能攻下釣魚城，使得南宋得以再存活二十年。當然更具決定性的戰爭是襄樊之戰。西元 1267 年元世祖忽必烈在南宋降將劉整的建議下「先從事襄陽」（湖北省境內），於是忽必烈開始對襄陽城部署包圍，1272 年襄樊之戰正式展開，宋軍節節敗退，此次戰役使南宋失去主要的城池，成為中國歷史上宋元王朝更替的關鍵戰役。[12]

　　南宋的滅亡之戰發生在 1279 年，先是在焦山之戰中，二十萬宋軍因為採用連環船戰術而失去機動性，使元軍得以用火攻取勝。不過，在隨後的崖山戰役中，張世傑未能記取焦山之役的教訓，仍然用連環船的戰術對付元軍，命宋軍只能戰不能退，只有忠誠卻缺乏戰略，還是讓南宋王朝一去無回。[13]有道是降敵國易、治國難，元世祖建國後幾十年的內鬥，都在權臣、后妃操縱下進行，不到百年，元朝便在內亂外患下步入

---

[12] 有關未蒙爭戰請參閱蘇州虞，《中國古代重要戰爭》，頁 134—137；陳耔伶，《影響中國的 100 個戰爭》，頁 268—269；張曉生、劉文彥，《中國古代戰爭通覽（三）》，臺北：雲龍出版社，1990 年 7 月，頁 845—856。

[13] 陳耔伶，《影響中國的 100 個戰爭》，頁 277。

絕途。[14]西元 1351 年劉福通發起的首次起義，就預告元朝的滅亡。[15]

在各路起義軍隊中，屬明太祖朱元璋及陳友諒實力較強。朱元璋在劉基建議下，先取金陵，再平江南，最後得以顛覆元朝，朱元璋於 1368 年即位於應天，改國號為明。[16]實際上，以當時的實力而言，陳友諒具有兵多艦大的優勢，可是卻未能完成統一明朝的大業，其中最重的原因就是指揮失誤，陳友諒先攻洪而不直搗應天，便失去了主動權。[17]

明朝的統一政權並未持續太久，就在建國 250 年後的西元 1618 年女真族努爾哈赤進犯遼東，且攻城掠池，引起明朝震驚。[18]主戰派壓倒其他意見，決定嚴懲努爾哈赤。明朝負責攻打努爾哈赤為明將楊鎬，楊率領各路軍隊因受天候影響而未迅速出兵，在朝廷嚴厲督促下勉強出兵，在未及充分準備下兵敗薩爾滸；努爾哈赤以少勝多的結果，使整個遼東情勢改觀，進

---

[14] 陳籽伶，《影響中國的 100 個戰爭》，頁 281。

[15] 張曉生、劉文彥，《中國古代戰爭通覽（三）》，頁 860。

[16] 陳籽伶，《影響中國的 100 個戰爭》，頁 283—285。

[17] 蘇州虞，《中國古代重要戰爭》，頁 157—160。

[18] 元朝滅亡前後中國係陷入群雄割據的狀態，彼此並未成立國家或政府而相互對峙，所以明朝的成立可以說是取代元朝，與其他朝代以戰爭統一各國的情況並不相同。本書係因為論述清朝統一戰爭的完整性，因此必須提及明清分裂前後的狀況。

而造成明、清權力平衡的轉移。[19]明朝在出兵前未準確評估敵我情勢，未能知彼知己以求百戰不殆，出兵時又未考量前線狀況而擅自在後方指揮，都可謂是犯了兵家大計，敗戰並不算意外，這也可作為未來任何國家或政權發動戰爭，以及戰爭指揮管制的參考。

明朝被清朝攻滅之後，明朝福王朱由菘於 1645 年稱帝，建立第一個南明政權，其後又陸續建立兩個南明政權，不過該等政權均於 1662 年在清兵南下後被攻滅。滿清能如此輕易地攻滅南明政權，據史家表示主要是歸功於明降將吳三桂與洪承疇，使得南明無法如東晉與南宋一般而偏安江南。[20]中國歷史上非由漢族建立政權的兩個朝代，無巧不巧地都是靠降將協助，才能迅速奪下前朝的江山，至於為何會出現降將，可能是個人因素，也可能是朝廷在用人時出現問題，使降將不得志，進而投效敵營。不管原因為何，降將的出現可能會決定一個政權的敗亡，因此要極力避免有此種現象發生。

---

[19] 蘇州虞，《中國古代重要戰爭》，頁 157—160；鈕先鍾，《中國歷史的決定性戰爭》，臺北：麥田出版社，2001 年，頁 267—272。。

[20] 鈕先鍾，《中國歷史的決定性戰爭》，頁 288；張曉生、劉文彥，《中國古代戰爭通覽（三）》，頁 979—990。

　　中國的統一戰爭且與臺灣密切相關者，莫過於清朝統一臺灣的戰爭。西元 1664 年施琅兩次由金門出海遠征臺灣均未成功，清廷遂改為招撫政策，派使節赴臺與鄭經談判。鄭經堅決表示，清若能以外國之禮相待，則同意互市通好，息兵安民，但清廷不同意，雙方會談遂無結果。[21]西元 1669 年清廷再度與鄭經談判，鄭退而求其次要求與朝鮮的待遇一樣，仍為清廷所拒絕，二次談判仍無結果。[22]1673 年鄭經趁清廷內亂攻取福建沿海島嶼，清廷內亂平息後又於 1677 年及 1679 年與鄭經展開兩次談判，雙方均堅持立場致談判仍無結果，不過鄭軍因為談判而使士氣受到影響，鄭經遂被迫放棄原先攻佔的沿海島嶼而退守臺灣。[23]

　　可能是因為鄭經退守臺灣的情勢演變，使康熙帝於 1682 年認為儘管明鄭的基本立場未變，而情勢已對清朝日益有利，遂於西元 1683 年在失去指揮權的姚啟聖仍在準備進行談判之際，命令施琅立即進兵攻臺。[24]施琅調兵遣將乘風勢向澎湖出兵，鄭克塽遂派劉國軒固守澎湖。劉國軒因誤判風勢而未能一

---

[21] 鈕先鍾，《中國歷史的決定性戰爭》，頁 292—293。

[22] 同上註。

[23] 同上註。

[24] 鈕先鍾，《中國歷史的決定性戰爭》，頁 295。

舉擊潰施琅的水軍，並且在海戰失敗後因喪失鬥志而逃回臺灣，完全忘記其主要任務—固守澎湖，進而使施琅能順利登陸接受守軍的投降。[25]

　　施琅佔領澎湖後，安撫居民降眾，對軍官以禮相待，給予士兵銀米，降卒轉述優待情形，使臺灣民心更無法維持。施琅又暗中與劉國軒聯絡，許以優厚條件，請其努力促成臺灣歸降，終使鄭克塽派員前往澎湖向施琅請降。施琅於佔領澎湖的同一年親到臺灣受降，完成朝廷對臺灣的統一，結束明鄭在臺灣二十一年的統治。[26]施琅本是鄭芝龍屬下，西元 1646 年隨鄭芝龍降清，後不得志遂於 1648 年重新投入鄭成功麾下，後與鄭成功交惡，於 1651 年施琅擅殺鄭成功親信曾德後而降清。施琅最終消滅明鄭，這是清廷靠降將統一領土的又一例證，也再度說明降將對原政權可能造成莫大的傷害。

---

[25] 鈕先鍾，《中國歷史的決定性戰爭》，頁 310—312。
[26] 同上註。

第二節　分裂的戰爭

統一固然需要經歷戰爭過程，分裂國家鼎立的朝代出現，又何嘗不是經過決定性的戰役所形成的，有關分裂戰爭的時間與結果如表 3-2。

表 3-2　分裂戰爭的時間與結果

時間	戰爭結果
西元 207 年	赤壁之戰奠定三國鼎立的態勢，歷時 73 年。
西元 354 年	東晉桓溫北伐失敗形成第二次三國鼎立，歷時 16 年。
西元 383 年	淝水之戰使東晉與前秦南北對峙，歷時 20 年。
西元 430 年	劉宋伐北魏戰爭未果，雙方僵持 49 年。
西元 954-957 年	後周與北漢的高平之戰、北周攻打南唐之戰未果，分裂持續 22 年。
西元 1664 年	清攻打臺灣不成，明鄭與清朝對峙 19 年
西元 1949 年	中華人民共和國攻打金門不成，兩岸敵對迄今 62 年。
西元 2020 年？	中華人民共和國攻臺不成，兩岸展開新一輪的敵對

資料來源：作者自製。

　　曹操在展開赤壁之戰前已統一北方，聲勢日益高漲，若能在決定性戰役中擊潰孫權與劉備之軍隊，就有再度統一中國的可能性。魏、蜀、吳三分天下的形勢，也就是因為曹操的軍隊不習慣水上作戰，再加上虜獲的兵力對其心存疑懼，兵敗赤壁才得以形成三國鼎立。[27]換言之，若無赤壁之戰，也就不會有三國時代的出現，[28]所以要維持均勢就必須以戰爭來解決，三國得以相對獨立就是因為戰爭的關係。

　　中國另一次三國鼎立時期是出現在西元 352 年，由當時盤踞在南方的東晉與分由苻健的前秦及慕容儁的前燕佔據北方而形成新的三國時期。[29]三國鼎峙狀態得以維持歸因於西元354 年東晉桓溫北伐之戰未能成功，[30]若桓溫伐秦之戰得以成功，西元 369 年桓溫伐燕之戰就不會有秦國介入雙方戰爭的問題，可能東晉可以統一中國也說不定。不過，三國鼎立態勢並未持續多久，在前秦於西元 370 年攻滅前燕後而轉成南北對峙狀態。[31]

---

[27] 張曉生、劉文彥，《中國古代戰爭通覽（一）》，頁 322—329。

[28] 鈕先鍾，《中國歷史的決定性戰爭》，頁 178。

[29] 張曉生、劉文彥，《中國古代戰爭通覽（二）》，頁 430；何敏求，《中國歷代戰爭史簡編》，頁 151。

[30] 何敏求，《中國歷代戰爭史簡編》，頁 152。

[31] 張曉生、劉文彥，《中國古代戰爭通覽（二）》，頁 438；何敏求，《中國歷代戰爭史簡編》，頁 154。

　　前秦在消滅前燕之後國力大增，就有攻滅東晉統一中國的
意圖，若非發生在西元 383 年的淝水之戰，東晉以 8 萬大軍力
拒前秦的 90 萬大軍，中國可能又恢復為統一的狀態。東晉以
這麼少的兵力能夠擊敗 90 萬大軍，除了戰術運用成功之外，
史家認為東晉內部一致，無隙可乘，並且有長江天險。[32]尤其
是謝安出任東晉宰相之後，對於外戚、南北士族的關係，採取
了一些措施，注意做好團結的工作，形成一個比較穩固的領導
核心。[33]由此可見，軍力懸殊並不決定戰爭勝負的結果，是否
團結一致對外才是重點。不論對攻方或守方而言，淝水之戰都
有非常好的啟示。

　　戰爭的結果其實是非常殘酷的，不論是戰勝或者戰敗，其
結果可能都非我們所能想像，戰敗的結果當然是難免面臨衰亡
的命運，就如同前秦的苻堅，在兵敗淝水之後的隔年西元 384
年再度兵敗白渠，最後被縊死於佛寺中。西元 386 年後秦雖然
建國，但已不是苻姓，而是姚姓，前秦在苻堅後歷任兩位國王
苻丕與苻登，西元 394 年苻登敗死，前秦正式宣告結束。[34]戰

---

[32]　曹東，《中國歷史上有名的戰爭》，臺北：業強出版社，1994 年 4 月，
　　　頁 109—114。

[33]　同上註。

[34]　張曉生、劉文彥，《中國古代戰爭通覽（二）》，頁 453—454。

敗的下場可謂頗為悽慘。不過，戰勝方也沒有討到大多便宜，就在淝水戰後二十年的西元 403 年，東晉大將桓溫之孫桓玄，篡晉稱帝，改國號為大楚。[35]雖然劉裕復晉之後又持續晉朝十六年，但皇家姓氏已從司馬改為劉，再加上有名無實，故史家未將其納入東晉的時代之內。[36]

西元 386 年鮮卑族拓拔珪建立北魏國，王位傳至其孫拓拔燾時，北魏於西元 426 年展開統一北方的戰爭，至 439 年才完成統一北方的工作，前後歷經十三年。[37]統一北方後的北魏雖曾展開統一中國的戰爭，然因南方的劉宋政權國勢不弱，終究未能順利完成統一大業。不僅如此，北魏本身由於君主權力日益衰弱，不但未能統一南方，反而歷經東西魏、北齊、北周等朝代，最後政權落入隋王朝楊堅的手中，為中國的統一再度譜出序曲。北魏統一北方前後，當時的南方是由劉宋政權統治，西元 422 年宋文帝劉義隆即位，國力日隆，於西元 430 年派遣到彥之大舉伐魏，至西元 451 年劉宋與北魏媾合為止，前後雙方相互征戰二十餘年。[38]雙方征戰不僅未能打敗對方而完成統

[35] 何敏求，《中國歷代戰爭史簡編》，頁 162。

[36] 同上註。

[37] 陳籽伶，《影響中國的 100 個戰爭》，頁 165—166。

[38] 張曉生、劉文彥，《中國古代戰爭通覽（二）》，頁 501—509。

一工作，反而因連年征戰為手卜有機叮乘，最終為朝代劃下句點。西元 479 年南宋順帝被迫退位，政權落入南齊的蕭道成手上[39]，歷經南梁、南陳，最終為隋國所滅。

　　環顧劉宋與北魏相互征戰二十餘年的諸多戰役，西元 430 年劉宋到彥之的伐魏戰爭是為關鍵。當時北魏尚未完成統一北方的工作，劉宋卻歷經近十年的「元嘉之治」，國力強盛，若非到彥之的戰術錯誤，未能充分運用宋軍所長的水軍，以致未擊敗強敵，否則戰局結果可能會有所不同。[40]反觀北魏戰術，因充分理解其所長為步騎作戰，等到秋涼馬肥、河冰堅合之後再戰對其有利，故終能保存實力，而與劉宋展開二十餘年的持久戰。[41]

　　自西元 907 年至 959 年的五代十國期間[42]，曾有兩次統一戰爭，一次為西元 954 年後周與北漢的高平之戰。北漢劉業因後周世宗新立，認為有機可乘，於是自將兵三萬，會集契丹一萬騎兵攻後周，後因輕敵而未召集契丹，終未能攻滅後周，向中國統一的道路大步邁進。不僅如此，戰敗後的北漢國力因此

---

[39] 張曉生、劉文彥，《中國古代戰爭通覽（二）》，頁 517。

[40] 何敏求，《中國歷代戰爭史簡編》，頁 179。

[41] 張曉生、劉文彥，《中國古代戰爭通覽（二）》，頁 501−509。

[42] 五代為後梁、後唐、後晉、後漢、後周，十國則為吳、南唐、前蜀、後蜀、南漢、楚、吳越、閩、南平及北漢。

衰敗,最終為北宋所滅。反觀戰勝後的後周國力蒸蒸日上,因此展現一統天下的決心。[43]另外一次統一的戰爭為西元 955年至 957 年的三次北周攻打南唐之戰。後周世宗曾三次攻打南唐,總共攻得十六州六十縣,但是在征戰過程中屢屢遭遇天候及國內因素的影響,始終未能攻滅南唐進而統一中國。

在征戰過程中,南唐曾去帝號求和,不過後周世宗不允和議,迫使南唐不得不持續奮戰。[44]若周世宗接受和議,或許能分力進攻契丹族的遼國及北漢,中國統一就有希望,江山也不會落入北宋的趙匡胤之手。窮兵黷武的結果,終將面臨亡國的命運,後周世宗顯然沒有學到孫子所說:「不戰而屈人之兵,善之善者也」之教訓。史家對於後周世宗的評語有兩類,一類是說他「雄才大略、機謀獨運,馭軍則號令嚴明,臨陣則指揮若定,應機則決策神明」;[45]另一類則描述他「生性多疑,朝臣連連奉諫,都不肯接受。」[46]若我們從結果論英雄,儘管後周世宗雄才大略,但由於他不能廣納雅言,終究無法完成統一

---

[43] 北漢攻打後周的統一之戰請參閱何敏求,《中國歷代戰爭史簡編》,頁282—283;陳籽伶,《影響中國的 100 個戰爭》,頁 214—215。

[44] 後周與南唐之間的三次戰爭請參閱,陳籽伶,《影響中國的 100 個戰爭》,頁 218—219。

[45] 何敏求,《中國歷代戰爭史簡編》,頁 286。

[46] 陳籽伶,《影響中國的 100 個戰爭》,頁 214。

中國的任務。由此可知，再有才能的人畢竟會有智窮之日，因此必須集思廣益，後周世宗的案例可說是很受啟發的例證。

　　西元 1664 年施琅兩次由金門出海遠征臺灣均未成功，清廷遂改為招撫政策，派使節赴臺與鄭經談判。鄭經堅決表示，清若能以外國之禮相待，則同意互市通好，息兵安民，但清廷不同意，雙方會談遂無結果。[47]西元 1669 年清廷再度與鄭經談判，鄭退而求其次要求與朝鮮的待遇一樣，仍為清廷所拒絕，二次談判仍無結果。[48]1673 年鄭經趁清廷內亂攻取福建沿海島嶼，清廷內亂平息後又於 1677 年及 1679 年與鄭經展開兩次談判，雙方均堅持立場致談判仍無結果，不過鄭軍因為談判而使士氣受到影響，鄭經遂被迫放棄原先攻佔的沿海島嶼而退守臺灣。[49]若非清朝攻佔臺灣未果，雙方豈會對峙 19 年。

　　儘管大陸不承認兩岸是處於分裂的狀態，而是用「未統一」來形容兩岸現狀，但是臺灣在 1992 年「關於『一個中國』涵義」的決議文中，卻把兩岸限定為「處於暫時分裂」的狀態，由兩個政治實體，分治海峽兩岸。[50]兩岸會在 1949 年後處於分

[47] 鈕先鍾，《中國歷史的決定性戰爭》，頁 292–293。

[48] 同上註。

[49] 同上註。

[50] 陸委會，〈關於「一個中國」涵義〉，《大陸工作法規彙編》，臺北：陸委會編印，1999 年，頁陸—五。

裂狀態，不就是因為大陸解放軍在古寧頭戰爭失敗後所導致的
結果嗎？若是當時大陸解放軍順利從廈門攻下金門，兩岸是否
仍能處於大陸定位「未統一」、臺灣定位「分裂」狀態 60 餘
年，是很有疑問的。由此亦可看出，臺灣與大陸彼此之間的對
戰歷史，並沒有脫離中國歷史的脈絡。

第三節　歷史上統一與分裂戰役的啓示

　　統一與分裂戰爭給我們第一個啟示，就是分裂與統一均需
面臨戰爭的考驗。如今臺灣與中國大陸之間同樣面臨統獨的問
題。截至目前為止，中國大陸始終未放棄統一臺灣的想法，而
臺灣有部分人士也始終未放棄獨立的念頭，在此種極端難以妥
協之狀況的影響下，兩岸要解決統獨問題，可能還是必須依據
中國歷史的邏輯靠戰爭來解決。當然歷史不見得會重復，兩岸
要避免以戰爭來解決統獨問題，除了兩岸不再堅持各自的立場
外，就是要看中國大陸會否放棄使用武力來解決統獨問題。

　　可是如果仔細閱讀「反分裂法」中使用非和平手段統一的
條件，就可發現就中國大陸的角度而言，要放棄武力統一的手
段實在有點困難。另外一種可能避免歷史上的統獨戰爭，就是
讓臺灣脫離中國歷史的脈絡。不過，歷史是非以人的意志為轉

移，臺灣雖然想要脫離中國的歷史脈絡，臺灣有一部分人也正朝向這個方向努力，可是這並非臺灣所能單獨決定，臺灣能否脫離中國的歷史脈絡，仍然要看中國大陸的態度而定，除非臺灣已準備好與中國大陸一戰，藉以脫離中國歷史的脈絡而成為獨立的個體。

統一與分裂戰爭給我們第二個啟示，是在中國歷史上許多戰役的成功，都是因為降將的緣故。舉例言之，元朝能統一中國要歸功於南宋降將劉整，清康熙能統一中國進而統一臺灣，明降將吳三桂與洪承疇及施琅，在整個過程中扮演極重要的角色。中國大陸未來要以武力統一臺灣，恐怕也需要借助像施琅這樣的人，否則很難達成統一目的。823 砲戰及古寧頭戰役，中國大陸以失敗告終，就是未能發掘施琅的角色。而臺灣未來要避免在統一戰爭中失利，就要避免有施琅這樣的角色出現。當然，這不意味著忠誠重於一切，而是臺灣要如何建立制度，讓所有的人士都有公平發展的機會，即使在競爭中失敗也是心服口服，而不會為敵所用，畢竟施琅是在不獲鄭芝龍重用的情況下，才會為清朝所用。

忠誠問題不是不重要，而是除了忠誠之外，能否帶兵知兵才是關鍵。因此，統一與分裂戰爭給我們第三個啟示，要避免忠誠的迷失。尤其是在兩軍對峙之際，避免發生類似施琅等違

反忠誠的事件，可能被視為是相當重要的事。南宋的張世傑在朝代危急存亡之際能為朝廷重用，應該是忠誠度經得起檢驗的。可惜的是，張世傑未能記取焦山之役的教訓，仍然用連環船的戰術對付元軍，最終還是讓南宋王朝一去無回。由史家對張世傑的評語為「忠誠確缺乏戰略」，就可明瞭光有忠誠對於維繫一個朝代或國家的存續是沒有多大幫助的。檢驗忠誠可以避免降將的出現，光有忠誠又無法成事，至於要如何解決此種兩難的局面，的確不是件容易的事。唯一能做的還是必須建立公平的任用制度，讓有能力的人均能得到好的發展，應該就不至於產生忠誠的問題，因為沒必要。中國大陸政權即使提供更優厚的發展條件，畢竟是屬於威權體制，短期內也看不出來會用有改變的可能性，捨此取彼非智者之所為。

從中國歷史上的統獨戰役，對於兩岸未來要統、要獨都可能面臨交戰的情況特別有意義。因為現在的大陸把統一視為是國家追求的目標，而臺灣卻是獨立的傾向愈來愈強，或者至少是維持分裂或者不統一的傾向愈來愈強。中國歷史維持統一的時間大概佔三分之二，分裂的時間大概佔三分之一，既然統一的時間比較長，再加上大陸目前統一臺灣的意願非常強烈，在臺灣拒統的情況下，大陸想要強行統一，只有訴諸武力。臺灣在大陸使用武力統一情況下，若能在交戰中立於不敗之地，將

可繼續維持分裂狀態或甚至尋求獨立一段時間，就如同歷史上統獨戰爭的結果。歷史就像一面鏡子，可以讓現代人透過歷史來觀察未來可能發生的現象，從中國歷史統獨戰役的角度切入，兩岸要避免一戰的困難度似乎頗高，尤其是在大陸未放棄武力統一臺灣的前提下。

第四章

美中即將到來的衝突

　　中國崛起的議題引起舉世的關注，相關議題的研討會更絡繹不絕地舉辦，就如同法蘭克・方（Frank S. Fang）在其著《中國熱潮：陶醉、恐懼及世界下一個超強》書中所指出的，在21世紀之初，中國崛起的議題是雜誌、網路、世界各國報紙無止盡文章、評論中最熱門的故事之一。[1]中國是否崛起？崛起之後會否對國際現有秩序造成衝擊？中國又將以何種面貌存在於世界之中？上述問題不僅是亞洲周邊國家關心，更是現在霸權美國最關心的問題。

　　中國崛起是否已如大陸學者胡鞍鋼所言，已經成為不可逆轉的歷史趨勢？[2]根據胡鞍鋼的估算，中國將在2020年前後成

---

[1]　Frank S. Fang, China Fever: Fascination, Fear, and the World's Next Superpower, Berkeley: Stone Bridge Press, 2007, p.11.

[2]　胡鞍鋼，〈如何看待中國崛起・代序言〉，收錄於門洪華編，《中國：大陸崛起》，杭州：浙江人民出版社，2004年12月，頁1—17。

為世界第一經濟強國，並成為最強大的世界貿易大國。[3]不論
胡鞍鋼的估計是否過於樂觀，如果中國大陸確如其所言般的發
展，則現在身為當今世界經濟強國的美國，會選擇毫不作為而
坐視中國大陸順利的崛起，進而取代其超強的地位嗎？如果美
國選擇不坐視，她又能採取何種手段來減緩中國崛起的速度？
她能阻撓中國的崛起，進而確保其身為唯一超強的利益嗎？一
個現存的霸權與崛起的霸權能和平共處？過去歷史經驗到底
對上述問題能提供多少解答？因此藉由回顧過去霸權興替的
歷史經驗，來試圖回答上述問題，恐怕是十分必要的舉措。

第一節　現存霸權與崛起霸權的衝突

英國學者保羅・甘迺迪（Paul Kennedy）在 1987 年出版了
一本書，書名為《大國的崛起與衰敗》（*The Rise and Fall of the
Great Powers*），他特別提及這是一本很大一部分在處理關於
戰爭的書籍，特別是那些對於國際秩序有重大影響的主要強國
結盟所引發的衝突。[4]另外，他也指出一個強國的勝利，或者

---

[3]　同上註。

[4]　Paul Kennedy, *The Rise and Fall of the Great Powers: Economic Change
and Military Conflict from 1500 to 2000,* New York: Vintage Book, 1987,
p.xv.

是另一強國的崩潰，通常都是長時期武力對抗的結果，也是強國如何在戰時能夠有效利用其具備生產力的經濟資源，以及在走向實質衝突過程中，特定國家在與其他國家對比下的經濟成長與衰敗。[5]

　　儘管保羅・甘迺迪認為經濟繁榮不見得能夠完全轉化為軍事效能，但是他也指出過去在國際體系中王國與國家的興起與衰弱，被證實都是大國之間戰爭的結果，勝利總是歸屬於具有強大物質力量的一方。[6]依照保羅・甘迺迪的分析，中國大陸自改革開放以來，平均每年以 10%的經濟成長（參閱附表4-1），就不得不令世人刮目相看，中國崛起的呼聲自然就此起彼落。

　　由於中國大陸高速的經濟成長，將經濟成長轉化為軍事力量也就是順理成章的事。根據美國戰略與國際研究中心及國際經濟研究院所作的研究顯示，中國大陸 2006 年的國防預算為351 億美元，比 2005 年增加了 14.7%，而 2005 年的國防預算則為 2000 年的兩倍。[7]該研究進一步指出：「中國國防安全重點已從內陸轉移到海域週邊，更加著重海空軍作戰能力……中

5　　Ibid.

6　　Ibid, p.439.

7　　美國戰略與國際研究中心及國際經濟研究院，《重估中國崛起：世界

表 4-1　中國大陸改革開放以來之經濟成長率

年份	1978	1979	1980	1981	1982	1983	1984	1985	1986	1987	1988	1989
GDP 成長率 (%)	11.7	7.6	7.8	5.3	9.0	10.9	15.4	13.5	8.9	11.6	11.3	4.1
年份	1990	1991	1992	1993	1994	1995	1996	1997	1998	1999	2000	2001
GDP 成長率 (%)	3.8	9.2	14.2	13.5	12.7	10.5	9.6	8.8	7.8	7.1	8.0	8.3
年份	2002	2003	2004	2005	2006	2007						
GDP 成長率 (%)	9.1	10.0	10.1	10.4	10.7	10.0						

資料來源：劉國光等編，《2005 年：中國經濟形勢分析與預測》，北京：
社會科學文獻出版社，2004 年，頁 334-335。2001-2007 年是
根據國際貨幣基金的成長數字 International Monetary Fund,
World Economic Outlook Database, April 2007。

國長程飛彈的射程預期到 2010 年可以涵蓋整個美洲大陸。」[8]
儘管兩個機構並未明說中國的國防發展將威脅美國的安全，不
過指出長程飛彈將涵蓋整個美洲大陸的涵義，如果不是暗指將

不能不知的中國強權》，樂良美、黃裕美譯，臺北：聯經出版社，2006
年，頁 185。

[8]　美國戰略與國際研究中心及國際經濟研究院，《重估中國崛起：世界
不能不知的中國強權》，頁 188。

對美國的安全造成威脅，實在看不出有特別指明長程飛彈能力
的必要性。

　　美國研究機構特別指明中國大陸的長程飛彈能力，應與中
國國防大學防務學院院長朱成虎少將在 2005 年 7 月的講話有
關。據媒體報導朱成虎在出席「香港明天更好基金會」主辦的
一次會議時表示，如果美國人使用他們的導彈和導航武器攻擊
中國領土的目標地區，中國將使用核武器還擊；如果美國決定
干預兩岸之間的衝突，中方將堅決作出回應。他並進一步指
出，中國將為西安以東的所有城市遭到破壞做好準備。[9]姑且
不論朱成虎的發言，究竟是代表個人意見，或者是代表官方試
探性的放話。光是此種玉石俱焚似的發言，就足以令人對於軍
力強大後的中國之對外政策感到擔憂，朱成虎的發言與美蘇兩
強對峙時代的相互保證毀滅，似乎沒什麼太大差別。

　　中國崛起後，對美國在國際社會的領導地位到底會產生何
種影響？美國又如何看待中國的崛起呢？美國前國務卿佐立
克在一場演講中指出，美國期許中國成為負責任的「利害關係

---

[9]　英國國家廣播公司中文網，〈中國將領說將使用核武反擊美國攻擊〉，
http://news.bbc.co.uk/chinese/simp/hi/newsid_4680000/newsid_4685600/
4685607.stm，取用日期 2007 年 12 月 24 日。

者」（stakeholder），[10]無疑已承認中國崛起後應有的國際地位。至於未來究竟會否對美國的世界領導地位形成挑戰，則視美國的政策而定。就如同戰略與國際研究中心及國際經濟研究院所對中國現狀與前景所作出的四點基本結論：第一，中國顯然是美國經濟與國家安全上的機會與威脅；第二，中國成為機會或威脅的程度，並非先天決定，而是相當大部分取決於未來幾年中美的政策取向與內部動力；第三，雖然不可高估美國對中國如何決定未來的影響，但美國可以扮演黑臉或白臉；最後，一個負責任的對華政策必然包括美國內政、外交、國防政策上做好準備，以阻止和扭轉中國做出有違美國利益的行動。[11]

上述四項基本結論，雖然指出中國大陸同時是美國經濟與國家安全的機會與威脅，不過若必須隨時做好準備阻止和扭轉中國大陸做出有違美國利益的行動，顯然是為因應中國可能的威脅預作部署，也說明該等研究機構對於中國未來的對外行為是十分不確定的。美國研究機構為中美關係的未來發展預作準

---

[10] Kerry Dumbaugh, "China—U.S. Relations: Current Issues and Implication for U.S. policy", CRS Report for Congress, Feb 14 2007, http://fpc.state. gov/documents/organization/81340.pdf. 取用日期 2007 年 12 月 24 日。

[11] 美國戰略與國際研究中心及國際經濟研究院，《重估中國崛起：世界不能不知的中國強權》，頁 192。

備不是完全沒道理的，因為中國大陸學者王緝思，即使透由強調中國與當年蘇聯所走的是完全不同的道路，來說明中美對抗是可以避免的，但他也不得不承認，評論家擔心中國會像當年的蘇聯那樣，向美國的世界霸權提出挑戰的假設，不是空穴來風，也不是杞人憂天。[12]

　　這就是中國大陸學者在論述和平崛起的矛盾之處。一方面表示中國的崛起已是不可擋的趨勢，中國的發展成就是客觀的事實；另一方面卻又強調中國堅持和平崛起或和平發展的新道路，不會對任何國家形成威脅。[13]問題是中國要如何向世人證明她的崛起是可以違反歷史潮流，不以對外擴張或戰爭，而是以和平的方式收場？她真的可以與現存的霸權美國和平相處而不產生任何矛盾嗎？如果真是如此，那美國到底在準備什麼呢？中國軍費開支又為何要大幅成長呢？如果中國真的要和平崛起或和平發展，為何要增加軍費開支進行軍事現代化呢？中國大陸對此的辯護是，增加軍費開支係將老舊系統與裝備升

---

[12] 王緝思，〈蘇美爭霸的歷史教訓和中國崛起的道路〉，中共中央黨校戰略所編，《中國和平崛起新道路》，北京：中共中央黨校出版社，2004年，頁5—25。

[13] 康紹邦，〈中國的和平崛起是世界發展的機遇〉，中共中央黨校戰略所編，《中國和平崛起新道路》，北京：中共中央黨校出版社，2004年，頁26—40。

級,並將落伍的軍隊組織更新的合理作法。[14]由於中國崛起到底對現有國際秩序造成何種衝擊,誰也說不準,所以只好採取各種避險措施,以免屆時措手不及。

實際上中國大陸學者對於中國的崛起是抱持著樂見其成的態度,認為作為一個曾經飽受帝國主義、殖民主義奴役掠奪的經濟文化落後的發展中大國,中國在二十多年中取得的成就是輝煌的。[15]也這因為基於此種態度,才會認為中國會對美國的世界霸權提出挑戰的假設,不是空穴來風,也不是杞人憂天。由於大陸本身擔心在尚未準備好之際,就與美國發生正面的軍事衝突,將對其累積對抗籌碼不利,[16]於是為了消滅國際社會中國崛起而生的「中國威脅」,就採用「國情論」來為其崛起不會對國際社會構成威脅辯護。就如同康紹邦所說的中國經濟雖然成長較快,但目前仍然處於較低的水平,中國屬於開發中國家,人均國民收入還很低。[17]所以,無論從目前還是從

---

[14] 美國戰略與國際研究中心及國際經濟研究院,《重估中國崛起:世界不能不知的中國強權》,頁 184。

[15] 康紹邦,〈中國的和平崛起是世界發展的機遇〉,頁 26—40。

[16] 就如唐晉所言,中國的弱勢地位不可能在短期內改變,想要達到預定戰略目標,應防止與強權進行正面的直接對抗和碰撞。唐晉編,《大國崛起:以歷史的眼光和全球的視野解讀 15 世紀以來 9 個大國崛起的歷史》,北京:人民出版社,2007 年,頁 9。

[17] 康紹邦,〈中國的和平崛起是世界發展的機遇〉,頁 26—40。另請參閱

長遠來說，中國的發展決不是他國的威脅，只能是有利於和平與發展的積極因素。[18]

　　儘管中國大陸學者一再強調，他們要走和平發展的道路，中國現在只是開發中國家，不會對他國構成威脅。不過，由於中國在高度經濟成長所展現的自信，以及動不動就以過去所受的屈辱掛在嘴邊，再加上始終不願放棄對臺使用武力，且把非和平方式寫入「反分裂國家法」之中，自然就會引起美國及中國的周邊國家對於中國未來的對外政策走向感到疑慮，懷疑中國是否會真正和平崛起或和平發展。這樣的疑慮完全反映在1997 年伯恩斯坦及馬若孟（Richard Bernstein and Ross H. Munro）合撰的《與中國即將到來的衝突》（*The Coming Conflict with China*）乙書中。

　　伯恩斯坦及馬若孟認為美國過去在亞洲的半個世紀中，總是在防止單一強權在區域中崛起，中國在未來十幾二十年內在太平洋彼端崛起，似乎沒有太大的問題，即使雙方沒有戰爭，

Yong Deng, "Reputation and the Security Dilemma: China Reacts to the China Threat Theory", Alastair Iain Johnston and Robert S. Ross (eds), *New Directions in the Study of China's Foreign Policy,* (Stanford, California: Stanford University Press, 2006), pp.186—214.

[18] 康紹邦，〈中國的和平崛起是世界發展的機遇〉，頁 26—40。

中國也會在 21 世紀的第一個十年，成為美國的對手。[19]雙方衝突的原因，除了上述所說的美國在亞洲的戰略目標之外，由歷史屈辱感為內涵的民族主義，驅使中國亟欲取得應有的歷史地位，而反美就成為展現中國國家尊嚴的一項重要內容。[20]由此看來，中國大陸學者不經意透露的歷史屈辱感，其實正是美國學者擔心美中終將衝突的重要原因。

至於中國大陸是否對於美中衝突完全沒有準備呢？實際上也不盡然。就有學者指出，和平是乞求不來的，無論是過去還是現在，從來沒有那個霸權的實力強大到可以壓制所有的真理和正義，何況中國長期以來的戰略實踐，已經累積了巨大的財富；要推進與中國與國際體系的良性互動並有效維護國家安全，不僅要依賴或強化相互信任與合作，而且也需要必備的戰略威懾力，甚至具備打贏合法性戰爭的能力。[21]當美中兩強都認為雙方的衝突似不可免，未來真正發生衝突的可能性就大

---

[19] Richard Bernstein and Ross H. Munro, *The Coming Conflict with China,* (New York: Alfred A. Knopf Inc., 1997), p.4. 中國大陸 2010 年正式成為世界第二大經濟體，無疑已經為伯恩斯坦及馬若孟的判斷下了最好的註腳。

[20] Richard Bernstein and Ross H. Munro, *The Coming Conflict with China,* pp.4—5.

[21] 唐晉編，《大國崛起：以歷史的眼光和全球的視野解讀 15 世紀以來 9 個大國崛起的歷史》，頁 9。

增。2001 年 4 月發生的軍機擦撞事件，雖未引發雙方重大衝突，可是已使雙方關係相當緊張。未來若雙方利益衝突擴大，難保不會出現以軍事方式來解決。美中兩強未來在現在霸權與崛起霸權的競爭中，究竟能否脫離歷史的規律？應該是全世界都關心的問題。

第二節　臺灣在美中關係中的重要地位

2002 年美國喬治城大學唐耐心（Nancy Bernkopf Tucker）教授在《華盛頓季刊》上，發表一篇題為〈如果臺灣選擇統一，美國應該關切嗎？〉（If Taiwan Chooses Unification, Should the United States Care?）的文章。唐教授在該篇文章中表示，美中臺三邊關係的問題不是中國有無能力攻打臺灣，或臺灣會否挺身而戰或投降，或美國會否介入等，真正被關心的議題是臺灣在沒有戰爭的情況下選擇與中國統一，究竟會解決或惡化美國在亞洲的安全兩難困局。[22]

---

[22] Nancy Bernkopf Tucker, "If Taiwan Chooses Unification, Should the United States Care?" *The Washington Quarterly,* Summer 2002, pp.15－28.

　　唐教授認為中國統一臺灣立即產生的政策意涵有兩項，一是大大增加中國海空軍的對外投射能力，一是中國海上安全強化後將使日本軍事政策制訂者面臨莫大的警訊。[23]該兩項政策意涵中的任何一項都有可能影響美國在主導亞洲秩序的能力，更何況兩項都發生，很可能會讓美國勢力退出亞洲，進而由中國來取代美國在亞洲的主導地位。唐教授雖然認為美國若設法在臺海的兩難困局中，提供一種統一或獨立的解決方案，將不符合美國的戰略利益，也不利於保障對臺灣人民的善意，或者贏得中國人民的信任，但她也表示美國官員必須思考一旦臺灣與中國統一的可能性，並從自己的角度，檢視事件發生後對美國利益及東亞穩定的意義，也要務實地思考如果美國想要阻止統一情勢的發展，有什麼方法可以做得到。[24]

　　如果臺灣的地位對於美國維持其在亞洲的主導地位不重要，為何美國要擔心臺灣是否最終要與中國統一？美國雖然表示只要兩岸問題的解決過程是和平與自由的，美國不會有意見。可是唐教授的文章不正說明，即使兩岸問題是透過和平的

---

[23] Nancy Bernkopf Tucker, "If Taiwan Chooses Unification, Should the United States Care?", pp.21—23.

[24] Nancy Bernkopf Tucker, "If Taiwan Chooses Unification, Should the United States Care?", pp.26—27.

方式解決，美國也必須務實地思考對美國利益與亞洲穩定可能
帶來的影響。其實美國學者有此擔心，主要肇因於兩岸日益緊
密的經貿關係，可能導致臺灣最終選擇以和平方式選擇與中國
統一，或者是在中國強大的經貿壓力下，被迫以和平方式與中
國統一。屆時美國能用什麼理由，介入兩岸的統一進程而不致
引起世界上其他國家的質疑呢？

　　可能是基於擔心臺灣無法抗拒中國的經濟壓力，進而被迫
以和平方式與中國進行統一，美國國防部特別委託美國智庫藍
德公司進行一項題為「中國對臺灣經濟壓制：一種難用的武器」
（Chinese Economic Coercion Against Taiwan：A Tricky Weapon
to Use）的研究計畫。執行該項研究計畫的作者譚納（Murray
Scot Tanner）指出，該研究的目的有三：一是確認中國對臺灣
經濟壓制的目標，並且分析運用壓制力的可行性方法或策略的
範圍，以及檢視運用經濟壓力達成政治目標的整體評估意見；
二是確認那些因素，會決定目標國家如臺灣，在發動國家如中
國的經濟壓力下，變得有多麼脆弱；三是分析兩岸快速增長的
經濟關係及其以經濟壓制臺灣的政治意涵，以及評估臺灣對於
中國經濟壓制的相對脆弱性。[25]

---

[25] Murray Scot Tanner, *Chinese Economic Coercion Against Taiwan: A Tricky Weapon to Use,* (Santa Monica, CA: Rand Corporation, 2007), pp.5─6.

譚納的研究顯示，臺灣對於經濟上愈來愈依賴中國感到憂慮，可能因為囿於時間不在臺灣這一邊的壓力影響下，鋌而走險宣布臺灣獨立，以避免受到來自於中國經制壓制的影響。另一方面，中國因為無法有效運用經濟籌碼達成政治目標，在經濟手段遲遲無法有效達成政治目的挫折感驅使下，亦有可能因為擔心臺灣終將走向獨立而採取非和平手段，早日迫使臺灣統一。[26]不過，不論是上述任一情況發生，對美國利益而言都是重大挑戰，所以美國必須設法早日研擬出因應方案，否則不論對美國利益，或者是亞洲穩定，都將是噩夢。由此可知，臺灣的戰略地位對美國而言有多麼重要。

當然臺灣對美戰略地位的提升，與兩極格局的世界體系解體、中國對美戰略地位下降有關。中國大陸學者孫哲指出，2002年 4 月 9 日美國國會臺灣連線成立，除了從美國國內政治角度看，小布希上臺標誌著美國保守勢力的抬頭，國會內部保守勢力亦佔據上風，此種親臺反華的政治氣氛；臺灣對美國國會成功的遊說與公關工作等，是「臺灣連線」得以成立的重要催化劑，更重要的是隨著兩極格局的解體，導致中國對美戰略的重

---

26 Murray Scot Tanner, *Chinese Economic Coercion Against Taiwan: A Tricky Weapon to Use,* pp.137—143.

要性下降。[27]小布希一改柯林頓政府時期的對華政策,將中國定位為美國的戰略競爭對手,一向對柯林頓對臺政策不滿的國會,正好推波助瀾,催生「臺灣連線」的成立。[28]

臺灣的戰略地位對美國而言十分重要,對中國大陸而言似乎更為重要。陳良生等認為國家統一是中國最基本、最根本的國家與民族利益,因為國家利益的基礎與核心是領土與主權的完整統一;在日益全球化的今天,國家統一和領土完整仍是每個主權國家優先追求的核心國家利益;在世界範圍內,統一都是最高的國家利益;世界上許多國家都是由分裂走向統一,由統一走向強盛;世界上每一個國家的分裂都會帶來深重的災難和痛苦;從中國歷史上看,統一與否直接關係到國家的興衰;國家的統一與國家強大密切相關。[29]

---

[27] 孫哲等,《美國國會與中美關係》,北京:時事出版社,2004 年 1 月,頁 227—230。

[28] 陳良生等也認為隨著冷戰結束,美國聯中抗蘇的戰略需求不在,並且中國日益可能成為美國的對手,臺灣正好是遏制中國崛起的棋子,美國對臺灣的支持就明顯發生變化。請參閱陳良生等,《中國國家統一戰略:和戰之間,我們選擇全面打擊和遏制「臺獨」》,香港:明報出版社,2005 年 2 月,頁 167。

[29] 陳良生等,《中國國家統一戰略:和戰之間,我們選擇全面打擊和遏制「臺獨」》,頁 1—9。

　　看到東歐國家捷克斯洛伐克如同拉鏈拉開般地歡喜分成兩個國家，並且雙雙成為歐盟會員國，就可知道統一不是天經地義的事，也不見得會帶來深重的災難與痛苦。災難與痛苦的產生，往往是強大的一方，不願較為弱小的一方獨立，進而採取以武力壓制的手段對付弱勢的一方所致，就如同俄羅斯之於車程、印尼之於東帝汶、塞爾維亞之於柯索沃一般。中國大陸學者不去探討分裂痛苦的來源為何，逕指國家分裂是造成痛苦的主因，除了說明其根深蒂固的大一統思想外，亦說明其強烈的主權與國家意識，而忽略維護社會安定與保障人權才是國家存在的根本價值。

　　也正因為中國大陸深受大一統思想及傳統主權觀的影響，使得臺灣就成為中國戰略發展的重要組成部分，難以被割捨。原因就如同陳良生等所言的：臺灣對整個中國的現在和未來至關重要；從地理位置及地緣政治看到臺灣對中國的重要性；臺灣問題不僅關乎中國國土的存失，更關乎中國安全與發展全局；一旦臺灣分裂圖謀得逞，中國將面臨一系列嚴重後果；統一是不可替代的，是所有中國人唯一的選擇。[30]把臺灣問題的位階拉到如此高的地步，自然對於處理臺灣問題的彈性

---

[30] 陳良生等，《中國國家統一戰略：和戰之間，我們選擇全面打擊和遏制「臺獨」》，頁 27—31。

空間就會變得比較小，因為稍一處置不慎可能會引來大麻煩，所以就必須步步為營，放手的空間自然相形有限。

　　實際上，在過去改革開放的三十年間，中國大陸在經濟發展上已取得驚人的發展成就，在這過程中臺灣實際上並未成為中華人民共和國的一部分，然而這並不影響中國的崛起，否則中國崛起就不會成為舉世矚目的焦點議題。既然中國過去在未統一的情況下能有如此傲人的成就，臺灣都不在其中，實在看不出現在與未來臺灣若仍不在其中，對其崛起會造成何種妨礙。中國大陸既然已經決定不稱霸，以目前的實力已足夠影響世界秩序，為何一定非得繼續拓展實力呢？

　　就目前中國所面臨的外在安全威脅而言，除了飄忽不定的恐怖主義份子外，實在看不出世界上有任何一個國家會對中國發動任何形式的攻擊。既不稱霸又沒安全威脅，可是卻又急於將臺灣納入其正式的版圖之中，藉此能夠繼續發展與強大。中國大陸此種言行不一致的情況，不得不令人懷疑中國的和平崛起或和平發展，只是一種煙幕彈，背後卻有隱藏的議事日程，真正的目的即使不是取代美國成為世界超強，也是希望能夠建立一套有利確保中國利益最大化的世界秩序。只是現在尚未準備好，所以必須暫時採取韜光養晦的策略。

第三節　臺灣問題可能成為美中雙邊衝突的引爆點

美中之間的競爭未來若不能脫離歷史的規律，雙方關係最可能的引爆點大概是臺灣問題莫屬。美中在 1996 年 3 月臺海危機中的軍事對峙，就被伯恩斯坦及馬若孟視為是自第二次世界大戰以來，在太平洋最大規模的軍事攤牌，臺海毫無疑問是美中之間衝突的引爆點。[31]一旦中國大陸攻打臺灣，美國將很難不選擇協防臺灣，否則將會面臨與亞洲其他信任關係崩潰的危險，這也就意味著美國必須處理可能面臨與中國大陸開戰的問題。[32]

同樣在 1997 年，中國大陸學者閻學通就指出，臺灣問題是中美關係中的主要障礙甚至可能發展成為兩國關係中的爆炸性問題。[33]他並表示，今後十五年裡美中之間臺灣問題這顆「定時炸彈」何時爆炸、能否爆炸，將主要取決於美國繼續推

---

[31] Richard Bernstein and Ross H. Munro, *The Coming Conflict with China*, p.6.

[32] Richard Bernstein and Ross H. Munro, *The Coming Conflict with China*, p.6.

[33] 閻學通，《中國崛起：國際環境評估》，天津：天津人民出版社，1998 年 4 月，頁 254。

行的對華雙軌政策會否演變為公開正式的「一中一臺」、「兩個中國」政策。[34]美國依其本身的利益公開正式地採取「一中一臺」、「兩個中國」政策可能性不大，但是公開支持臺灣加入聯合國或其下屬組織；繼續允許臺灣高級領導人以「私人身分」訪問美國；不斷地向臺灣提供武器裝備；公開以言行干涉中國為統一而對臺採取的主動措施等，並未明顯違反「一中一臺」、「兩個中國」政策，同樣被閻學通認為可能導致臺灣領導人鋌而走險，進而引發美國公開軍事介入。[35]

　　所以美國是否公開採取「一中一臺」、「兩個中國」政策，應該不是美中爆發衝突的關鍵，真正的關鍵在於美、中如何認知及看待彼此的政策作為。臺灣問題由於對美、中兩國都有戰略的重要性，一旦雙方利益衝突擴大，又認知臺灣是站在己方的對立面，自然就會借題發揮。就如同陳良生等所言，對於美國而言，保持美國在世界的領先地位，抑制一切可能威脅美國利益與集團，是其最大利益所在。中國發展潛力巨大，有可能在 21 世紀對美國的超級大國地位構成嚴重挑戰，而要遏制中國的崛起，利用臺灣是代價最小的戰略選擇。[36]

---

[34] 閻學通，《中國崛起：國際環境評估》，頁 254。

[35] 閻學通，《中國崛起：國際環境評估》，頁 255。

[36] 陳良生等，《中國國家統一戰略：和戰之間，我們選擇全面打擊和過

　　此外，儘管臺美中三方目前的政策都是在維持現狀，可是現狀並非是靜態的，實際上是在動態的環境中有許多持續演進的各種事件，兩岸雙方也都自認對臺灣的地位擁有解釋權，就更增加現狀的不穩定性。[37]因此，許多觀察家都認為臺海軍事衝突的危險性在增加，[38]美國外交關係協會 2003 年發表的研究報告亦指出，臺海區域近期內將會有軍事衝突。[39]該研究更提出警告，一旦中國大陸選擇在臺海地區用兵，即使屆時軍事平衡仍然是在臺美這一方，解放軍也有能力展現密集的且短時間的對臺發動海、空及二砲的攻擊。[40]另外，藍普頓也指出，如果美中在 21 世紀初期有軍事衝撞，最有可能發生的地區就是臺海。[41]因此，問題不在於臺灣問題會否成為美中關係的引爆點，而是何時的問題。

制「臺獨」》，頁 166。

[37] Linda Jakobson, "A Greater Chinese Union," *The Washington Quarterly,* Summer 2005, pp.27—39.另郝雨凡與張燕冬亦表示，靜態不動是不可能的，兩岸的現狀是遲早要改變的，問題是向那一方向改變。郝雨凡、張燕冬，《無形的手：與美國中國問題專家點評中美關係》，北京：新華出版社，2000 年 1 月，頁 186。

[38] Linda Jakobson, "A Greater Chinese Union," pp.27—39.

[39] 轉引自 Robert Sutter, "Why Does China Matter？" *The Washington Quarterly,* winter 2003—4, pp.75—89.

[40] Robert Sutter, "Why Does China Matter？" pp.75—89.

[41] David M. Lamptom, Same Bed Different Dreams: Managing U.S—China

　　臺灣「法理獨立」固然是中國大陸對臺動武的一個理由，可是美中在「法理臺獨」的認定上有是歧異的。例如，在中國國家主席胡錦濤 2006 年訪美前，中國評論新聞網即刊登社評指出：「當前中國最為擔心的是法理臺獨的尖銳問題，而美國未必認同中國對法理臺獨性質的判斷。日前中國國務委員唐家璇指出，美國應該進一步認清陳水扁當局搞『法理臺獨』的嚴重危險性和危害性，明確反對、堅決遏制『臺灣法理獨立』及其它任何形式的『臺獨』分裂活動。這就清楚表明了中美對『法理臺獨』的認知有分歧。中國仍要加大反獨力度。如果美國沒有充分認識『法理臺獨』的性質，有可能對中國大陸產生嚴重誤解，以為大陸謀求片面改變現狀。」[42]

　　至於什麼是「法理臺獨」呢？依據中國大陸國臺辦及學者的定義，「法理臺獨」與臺灣的憲改有密切的關係。例如中國大陸學者李家泉早在 2004 年 12 月就表示，企圖通過「修憲」或「制憲」，使臺灣在所謂「中華民國政府」外殼不變的情況

　　Relations 1989─2000, (Berkeley and Los Angeles, CA: University of California Press Ltd. 2001), p.99.

[42] 中國評論新聞網，〈布胡會，臺灣問題不可能是非重點〉2006 年 4 月 18 日，http://chinareviewagency.org/doc/1001/2/6/9/100126991.html?coluid=62&kindid=1299&docid=100126991&mdate=0911123624，2008 年 1 月 6 日取用。

下，完成「兩岸互不隸屬」的「一邊一國」的「憲政改革」
架構，從而徹底割斷兩岸間的「法理臍帶」，就是「法理臺
獨」。[43]而李家泉會如此認定，與胡錦濤 2004 年在亞太經合會
上與美國小布希見面時強調，「臺灣當局正加緊搞『法理臺獨』
應有密切的關係。」[44]

另外，2006 年 2 月中共中央臺灣工作辦公室、國務院臺
灣事務辦公室，就陳水扁總統終止「國統會」運作和「國統綱
領」適用時，亦特別發表聲明表示，「當前陳水扁通過『憲改』
進行『臺灣法理獨立』活動的冒險性、危險性繼續上升，一旦
得逞，勢必造成兩岸關係高度緊張，嚴重威脅臺海地區乃至
亞太地區的和平與穩定。」[45]凡此均顯示，中國大陸當局擔心
修憲或制憲可能確立臺灣的主權領土地位，進而形成「臺灣法
理獨立」的事實。不過大陸當局更擔心的是，美國是臺灣推動
所謂的「法理臺獨」的背後支持者，所以胡錦濤與小布希見面
時必須當面提醒對臺灣問題走向的關切。

---

[43] 李家泉，〈陳水扁玩火「法理臺獨」將斷送臺海和平〉，《人民日報海
外版》，2004 年 12 月 06 日，版 1。

[44] 同上註。

[45] 中臺辦國臺辦，〈制止法理臺獨是最緊迫任務〉，http://news.sina.com.
cn/c/2006—02—28/11528323249s.shtml，2008 年 1 月 6 日取用。

　　中國大陸認定修憲或制憲等同於「法理臺獨」，不見得完全合乎實際情況，因為修憲有可能只牽涉政府體制的問題而不觸及主權與領土爭議，更何況中國大陸本身在認定「法理臺獨」的涵義方面，也是處於變動的狀態。例如 2008 年 3 月的總統選舉將同步舉行「以臺灣名義加入聯合國」的公投，就被中國大陸國臺辦副主任孫亞夫，視為是謀求改變大陸和臺灣同屬一個中國的現狀，是走向臺灣「法理獨立」的嚴重步驟，是變相的「臺獨公投」。[46]另外，根據中國官方在美國的媒體僑報網報導，陳雲林 2007 年 7 月曾在北京會見時任國務院主管東亞事務的副助卿柯慶生時，向其表示中國視「入聯公投」等同「法理臺獨」，也是中國不能接受的紅線。[47]從認定修憲或制憲確立領土範圍為「法理臺獨」，到將「以臺灣名義加入聯合國」

[46] 孫亞夫，〈入聯公投「是變相的」臺獨公投〉，人民網 http://tw.people.com.cn/GB/14810/6660446.html，2008 年 1 月 6 日取用。另外陳雲林在 2007 年 12 月 17 日出版的《求是》雜誌上撰寫題〈努力開創對臺工作新局面〉的文章亦提及，陳水扁當局推動「入聯公投」，是謀求改變大陸和臺灣同屬一個中國的現狀、走向「臺灣法理獨立」的嚴重步驟，其圖謀一旦得逞，必會給兩岸關係、臺海和平帶來十分嚴重的惡果。請參閱網址 http://tw.people.com.cn/GB/14810/6665378.html，2008 年 1 月 6 日取用。

[47] 陳雲林，〈大陸視「入聯公投」等同法理臺獨〉，2007 年 9 月 15 日，http://www.usqiaobao.com/big5/newscenter/2007—09/15/content_14067.htm，2008 年 1 月 6 日取用。

的公投，視為走向「法理獨立」的嚴重步驟或等同「法理獨立」，
都在說明「法理臺獨」是中國大陸對臺政策的敏感神經，以致
於必須對之採取更多的預防性措施，避免情勢發展至不可收拾
的地步。

　　換言之，「法理臺獨」的涵義已經繼修憲或制憲之後，又
增加了一項內涵，即為「入聯公投」。可能是因為若將「入聯
公投」等同於「法理臺獨」，一旦「入聯公投」獲得過半民意
的支持通過，兩岸就必須面臨戰爭攤牌的危險，所以將「入聯
公投」僅視為是走向臺灣「法理獨立」的嚴重步驟，是變相的
「臺獨公投」，而非真正的實現「法理獨立」，為避免攤牌留
餘地。可是若不對該項舉動予以嚴肅對待，可能屆時真的必須
面臨攤牌的危險，就如同中國人民大學美國研究所所長時殷弘
強調，自從 2003 年公投法通過、2004 年總統大選綁公投後，
北京對臺灣以「公投」方式搞「法理臺獨」的估計很高、臺獨
的危險性大增，倘若「入聯公投」跟 2008 年選舉綁在一起，
又得到大多數臺灣選民的支持，就等同於用「法律」手段完成
臺獨，北京絕不可能接受。[48]2008 年「入聯公投」雖然還是與

---

[48] 轉引自中國評論網，〈大陸學者：扁當局推入聯公投，北京絕不容忍〉，
2007 年 7 月 26 日，http://chinareview.tv/doc/1004/1/7/2/100417297.
html?coluid=7&kindid=0&docid=100417297，2008 年 1 月 6 日取用。

總統大選綁在一起，但是因為最後未獲通過，所以才暫時解除
兩岸可能面臨的攤牌局面。

　　由於中國大陸對於「法理臺獨」內涵的解釋，隨時可以增
加新的內容，在其尚不願在臺海問題上攤牌的時候，自然可以
用尚未構成「法理臺獨」的要件來避免攤牌。一旦大陸覺得準備
好了，同樣可以用臺灣特定的政治行為，來認定已構成「法理臺
獨」的要件，而必須啟動「反分裂法」的非和平方式來對付臺
灣。當然，當中國大陸決定對臺採取非和平方式的手段時，也一
定將美、日可能的干預手段估計在內。換言之，美中戰略利益矛
盾若不能有效解決，臺灣問題很可能就成為雙方衝突的引爆點。

　　對美國外交政策有風向球作用的「外交事務」（Foreign
Affairs）雙月刊，在 2010 年 1、2 月刊載了一篇由季禮（Bruce
Gilley）所寫題為〈並不危險的海峽〉（Not So Dire Straits）的
文章。在該文中，季禮表示，隨著臺灣與大陸經貿關係日益密
切，臺灣愈來愈有芬蘭化的現象，即臺北與北京的關係，就像
冷戰時期的芬蘭與前蘇聯達成協議，不參與挑戰莫斯科同盟的
一方，也不會當作任何國家侵犯前蘇聯利益的基地，以換取莫
斯科同意芬蘭的自治與自由體系。[49]姑且不論提出芬蘭化概念

---

[49]　Bruce Gilley, "Not So Dire Straits", *Foreign Affairs*, Vol.89 No.1, Jan/Feb
　　2010, pp.44─60.

的原作者莫利森（Hans Mouritzen）不認為臺灣會選擇芬蘭化而小心地把美國推到一邊。[50]對於季禮而言，他提出此種看法重要的關鍵在於認為芬蘭化的臺灣，可以不再成為北京與華盛頓關係的安全困境，也會使得兩岸挑釁性的行為變得不太可能。[51]

無獨有偶地在 2011 年 3、4 月「外交事務」（Foreign Affairs）雙月刊中，刊載了一篇由格拉瑟（Charles Glaser）所寫題為〈中國的崛起會導致戰爭嗎？——為什麼現實主義不等於悲觀主義〉（Will China's Ride Lead to War: Why Realism Does Not Mean Pessimism）的文章。[52]格拉瑟在文中強調，中美之間並沒有不可化解的結構性衝突，兩國未來關係的發展取決於兩國領導人如何處理雙邊關係。次一級的具體衝突，如臺灣問題，反而更易威脅兩國關係。[53]格拉瑟認為臺灣問題對中美關係穩定之威脅更大的原因，是中國將臺灣視為其核心利益，多次闡明若臺灣獨立，大陸將不放棄使用武力維護國家領土完整的權

---

[50] Hans Mouritzen, "The Difficult Art of Finlandization", *Foreign Affairs*, Vol.89 No.3, May/Jun 2010, pp.130—131.

[51] Bruce Gilley, "Not So Dire Straits", pp.56—57.

[52] Charles Glaser, "Will China's Ride Lead to War: Why Realism Does Not Mean Pessimism", *Foreign Affairs,* Vol.90 No.2, Mar/Apr 2011, pp.80—91.

[53] Ibid.

利。中國擴充常規軍事力量與核力量很大程度上是為防範臺灣
獨立以及美國干涉的發生。因此，為維護兩國關係的穩定，美
國應當逐漸放開保護臺灣的承諾。[54]

　　不論是季禮或者是格拉瑟，其實都未考慮到臺灣在美國亞
洲政策的角色，所以才會得出美國如果放棄臺灣，就會避免與
中國大陸發生軍事衝突。然而實際的情況可能是如卡普蘭
（Robert D. Kaplan）所說的：如果美國輕易地將臺灣讓渡給中
國，日本、南韓、菲律賓、澳洲，美國在太平洋其他的盟國，
以及印度甚至是部分非洲國家，就會開始質疑美國承諾的力
道；如此將會鼓勵上述國家更靠近中國，也就會讓崛起的大中
國真正佔有東半球的部分。[55]另外，莫利森也指出，芬蘭化也
許在將來會在臺海發生，不過只有在已經負擔過重的美國，決
定減輕其在亞洲的未來角色，而建構一個全新的區域環境之
後。[56]

　　儘管季禮或者是格拉瑟關於美國是否放棄臺灣會更安全
的觀點，不見得是美國學界的主流意見，歐洲的國際關係學者

---

[54] Ibid.

[55] Robert D. Kaplan, "The Geography of Chinese Power", *Foreign Affairs*,
Vol.89 No.3, May/Jun 2010, pp.22—41.

[56] Hans Mouritzen, "The Difficult Art of Finlandization", pp.130—131.

恐亦不認同他們的觀點，但是他們提出美國要放棄臺灣，就是
不希望見到美國與中國大陸因為臺灣問題而有軍事衝突，這也
說明美國與中國大陸因為臺灣問題而兵戎相見的可能性始終
存在。不論美國是基於為了繼續維護其霸權，削弱中國崛起的
力量而利用臺灣問題作文章，或者是中國大陸為了本身的核心
利益，而在臺灣問題上與美國起衝突，臺灣問題都有可能成為
引爆點。季禮或者是格拉瑟之文章的另一層意義，就是在提醒
有關的各方，不改變現行的政策，戰爭的風險就始終存在。

第五章

戰爭本身的難以避免性

第一節　戰爭為何會發生？

　　探討臺海戰爭會否發生戰爭，除了上述的原因之外，另外一個值得關注的議題是戰爭本身的難以避免性，也極可能會導致兩岸終究必須以戰爭來解決彼此間的問題。美國學者華茲（Kenneth N.Waltz）在題為《人類、國家與戰爭：理論的分析》（*Man, the State and War: A Theoretical Analysis*）的書中提到，戰爭發生的原因不外有三種。第一種是因為人類的行為因素，戰爭導源於自私、錯誤的偏激舉動，以及愚蠢的行為；其他因素是次要的，而且必須在人類行為的基礎上才得以解釋。[1]

---

[1]　Kenneth N.Waltz, *Man, the State and War: A Theoretical Analysis*, p.16.

　　第二種戰爭發生的原因是國家為了提升內部的統一，若是一個國家被內部紛爭所困擾，與其在等待之中遭受意外攻擊，倒不如率先發動戰爭以帶來內部的和平。[2]至於第三種戰爭發生的原因，是因為在許多主權國家之間沒有法律體系有強制力，而且每一國家是根據自己對於理性與想望的解讀，來判斷本身的傷痛與企圖，就容易導致戰爭。[3]換言之，第三種可以說是在國際社會無政府的情況下，個別國家很容易因為誤判而走向戰爭。從華茲所提出關於戰爭發生的三種可能性，發現戰爭要發生其實並不困難。以第一次伊拉克戰爭為例，當時的伊拉克總統海珊，只不過是以已經獨立許久的科威特屬於伊拉克的固有領土為由，就發動侵科戰爭，可以說既是偏激的行為，也是誤判的結果。[4]

　　另外，雖然軍力可以同時作為發動戰爭與維持和平的用途，[5]但是就如同柏勝（Barry R. Posen）表示，許多軍人或甚

---

[2]　Kenneth N.Waltz, *Man, the State and War: A Theoretical Analysis*, p.81.

[3]　Kenneth N.Waltz, *Man, the State and War: A Theoretical Analysis*, p.159.

[4]　Lawrence Freedman, and Efraim Karsh" How Kuwait Was Won", Robert J. Art and Kenneth N.Waltz (ed.), *The Use of Force* (5th edition), (Lanham, Maryland: Rowman & Littlefield Publishers, Inc. 1999), pp.258—271.

[5]　Robert J. Art, "The Fungibility of Force", Robert J. Art and Kenneth N.Waltz (ed.), *The Use of Force* (5th edition), (Lanham, Maryland: Rowman & Littlefield Publishers, Inc. 1999), pp.3—22.

至文人都會直覺地認為攻擊是戰爭最有利的戰略，克勞塞維茲
（Clausewitz）實際上是非常推崇防禦戰略的優勢，卻經常被
誤讀為攻擊的擁護者。[6]既然攻擊經常會被認為有利於掌握戰
爭優勢，而且不是只有軍人有這樣的意見，連可扮演煞車角色
的文人都如此認為，發動戰爭的可能性當然也就會變得更高。
艾偉拉（Stephen Van Evera）更表示，一旦被征服變得容易，
也就是攻擊佔有主導地位以後，戰爭發生的可能性就大增。[7]由
此可見，人類對於戰爭的發動，其實有太多不切實際的想法。

　　艾偉拉基於上述的假設提出十項可能導致戰爭發生的原
因，分別是：一、部分國家經常會尋求機會主義式的擴張，因
為此種嘗試的報酬會較高；二、部分國家當感到較不安全時，
會尋求防衛式的擴張，以降低強大鄰國的攻擊能力；三、不安
全感愈大，也會促使部分國家更激烈地去抗拒其他國家的擴
張；四、第一擊的優勢愈大，將增加發生先發制人攻擊的危險
性；五、愈有機會攻擊以及對方的弱點愈大，制止戰爭發生的

---

[6]　Barry R. Posen, "Explaining Military Doctrine", Robert J. Art and
　　Kenneth N.Waltz (ed.), *The Use of Force* (5th edition), (Lanham,
　　Maryland: Rowman & Littlefield Publishers, Inc. 1999), pp.23—43.

[7]　Stephen Van Evera, "Offense, Defense, and the Causes of War", Robert J.
　　Art and Kenneth N.Waltz (ed.), *The Use of Force* (5th edition), (Lanham,
　　Maryland: Rowman & Littlefield Publishers, Inc. 1999), pp.44—69.

危險性就愈高;六、部分國家會採取既成事實的外交策略,而
該策略往往會引發戰爭;七、部分國家協商準備不足或合作意
願不高,協商失敗後造成難以收拾的爭端;八、部分國家隱藏
過多外交與國防機密,增加誤判及過於大膽的風險;九、軍備
競賽速度快且難以控制,增加防止戰爭及對戰爭有過於樂觀估
計的風險;十、攻擊主導性是自我擴張的過程,當容易征服時,
國家通常會採取政策使征服變得更容易。[8]

　　不論是華茲所說引發戰爭的三種原因,或者是艾偉拉所提
出來的十種導致戰爭的原因,都可以看出來戰爭的發生與主事
者如何判斷情勢有非常大的關係。尤其是兩個國家或政府處於
敵對狀態,若是一方覺得另一方可以很容易被打敗,或者基於
內部的因素,或者是對於己身的能力有過於樂觀的估計,都會
引發戰爭。這樣的判斷也見諸莫勒(John Mueller)的研究之
中,他指出根據現在價值與觀點,主要戰爭也許發生的機率不
高,但是如果決策者有點得混淆或發狂,以致於出現非理性的
舉動,或者是他們經歷了某種價值與觀點的改變,戰爭仍可能
發生,所以戰爭也就成為一種可以被察覺的程序。[9]

---

[8] Stephen Van Evera, "Offense, Defense, and the Causes of War", pp.44—69.

[9] John Mueller, "The Obsolescence of Major War", Robert J. Art and

　　至於決策者為何出現混淆或者是發狂的現象？莫勒進一步表示，是因為決策者容易受到錯誤的概念、偏見、遭蒙蔽之觀點的影響，而且他們也會面臨許多不確定的問題。[10]由此可知，在現今的世界格局，戰爭發生的機率似乎在降低之中，可是仍然有許多變數會導致戰爭的發生，尤其是內外在形勢改變，使得決策者認為透過戰爭手段可以達成其目的時，就容易導致戰爭的發生。以下就舉部分實例來說明，戰爭的發生其實有其難以避免性，戰爭的結果也不見得與當初的預期相同。

　　也正因為戰爭有如此多的不確定性，所以就必須對戰爭的發生有正確的認識。就如同黛安娜‧法蘭西斯（Diana Francis）所言，戰爭其實是我們所處之歷史性及共通性體系中不可分割的一部分，也因為我們認為戰爭是不可避免的，911 事件更讓我們認為如此，所以要對戰爭說不就似乎變得不可能。[11]法蘭西斯‧黛安娜當然不認為戰爭不是完全無法避免，她也認為戰爭應該被避免，但是她表示要避免戰爭的發生，需要針對世界組成的方式以及現行行使權力的途徑，進行根本性的轉變，也

Kenneth N.Waltz (ed.), The Use of Force (5th edition), (Lanham, Maryland: Rowman & Littlefield Publishers, Inc. 1999), pp.427─440.

[10] John Mueller, "The Obsolescence of Major War", pp.430.

[11] Diana Francis, *Rethinking War and Peace,* p.2.

就是停止將戰爭視為是人類社會被允許的制度之一。[12]儘管黛安娜·法蘭西斯認為這是避免戰爭必要的手段，但她知道這是很有企圖心的計畫。[13]誠如前述，黛安娜·法蘭西斯雖然不認為戰爭是不可避免的，可是她自己也十分明白要避免戰爭並不容易達成，主要是針對現有的國際體系進行根本性的調整，似乎可能性非常低。尤其是有爭議的雙方都希望對方讓步的時候，要不涉及利益的計算，只關心土地上的人民，更是難以達成。

就以兩岸目前敵對狀態而言，大陸關心臺灣是中華人民共和國神聖領土不可分割的一部分，更多過關心生活在臺灣這塊土地上的人民，否則又怎會有「臺獨代表戰爭」的說法出現呢？若是真正在乎生活在臺灣的人民，就應該尊重其選擇統一或者獨立的自由意志。實際上，即使大陸像加拿大讓魁北克省有公投選擇去或留在聯邦裡的權利，臺灣也有可能如魁北克省一樣，繼續留在整個大中國的範圍內。畢竟中國歷史的分分合合原本就是一種常態，今日的分未必代表將來一定不會合，今日的合未必代表未來一定不會分。但是若用戰爭來解決統獨問題，除了留下許多仇恨之外，其實對於解決問題並沒有什麼幫

---

[12] Diana Francis, *Rethinking War and Peace,* p.3.
[13] Ibid.

助。只是若主事者能對戰爭有像法蘭西斯般的認識，大概戰爭也就不會發生了，偏偏我們所處的世界與法蘭西斯所預期的還是有許多的落差。

第二節　前二次世界大戰難以避免性

一次世界大戰的爆發，起因於奧國王子費迪南（Archduke Franz Ferdinand）被塞爾維亞的恐怖份子刺殺後，奧國向塞國宣戰，進而使得德國、法國、英國及俄羅斯都加入戰局。美國學者、前國防部助理部長奈伊（Joseph S. Nye）利用國際關係的三種層次：國際體系、國內因素及個人層次，來分析一次世界大戰爆發的原因。他指出一次世界大戰爆發的深層原因，是因為國際權力平衡體系架構，以及特定國家國內政治體系的改變；其中比較重要的原因有：德國勢力的崛起、兩極聯盟體系的發展、民族主義興起導致奧國及塞國帝國的衰弱，以及德國的政治，費迪南被暗殺只是發生戰爭的突發性事件。[14]

不過，令人感到好奇的是，奈伊雖然用了三種層次來分析戰爭發生的原因，但是他本身卻不認為第一次大戰不是無法避

---

[14] Joseph S. Nye, Jr., *Understanding International Conflicts: An Introduction to Theory and History* , p.65.

免的,即使他曾提及有人認為縱然不發生奧國王子費迪南被刺的突發性事件,也會發生引爆戰爭的其他突發性事件,因為此類事件每十分鐘就會發生一次。[15]奈伊提出戰爭不是無法避免的理由是,發生戰爭的機率再高,畢竟只是機率而已,不代表一定無法避免,而且如果奧國王子被刺的危機不是發生在 1914 年,而是發生在 1916 年,屆時不是俄羅斯已是強國,足以對德國形成嚇阻作用,就是德國已經強大足以到嚇阻英法兩國參戰,就可避免危機升級。[16]偏偏當危機發生後,德國軍文領袖認為 1914 年發動戰爭比之後發動戰爭更有利。[17]

然而就如同奈伊本身所說的,戰爭不是無法避免的,直到真正爆發為止。[18]可是從新回頭看一次世界大戰的發生,雖然有許多機會可以避免它發生,只要德國軍文領袖對於戰爭有不同的算計,可是偏偏他們就認為當時就是最佳發生戰爭的時機,所以即使奈伊想要用「反事實」(counterfactual)的概念來引導人們對於如何避免戰爭有不同的思維,卻無法改變戰爭

---

[15] Ibid.

[16] Ibid.

[17] Joseph S. Nye, Jr., *Understanding International Conflicts: An Introduction to Theory and History* , pp.65─68.

[18] Joseph S. Nye, Jr., *Understanding International Conflicts: An Introduction to Theory and History* , p.65.

已經發生的事實。當下一次利益衝突發生之時，人們是否會想要透過非戰爭方式來消弭彼此的歧見呢？答案當然是不容易。

布林斯（Gwyn Prins）就曾表示，美國回應 911 事件最大的戰略錯誤，就是小布希總統宣布要建立軍事戰線來追捕所有蓋達組織（Al-Qaeda）的嫌犯，尤其是美國曾在越戰犯下了致命錯誤，讓許多年輕一代的美國人喪失生命或良知之後。[19]即是被視為是戰略錯誤，可是美國小布希總統還是宣布了要打一場反恐戰爭，這就代表要避免戰爭有多麼的不容易。曾經因為在越戰遭受到無數生命財產損失的美國，都無法避免再以戰爭的手段來解決問題，未經歷此種傷痛的國家，要發動一場戰爭的限制因素就更少，也就更容易以正義為名而發動戰爭。[20]

奈伊同樣用三個層次來分析第二次世界大戰發生的原因，國際體系原因是一次世界大戰未解決德國的問題，且美國與蘇聯在權力平衡中缺席，使得德國未能被及時嚇阻。[21]至於

---

[19] Gwyn Prins, *The Heart of War: On Power, Conflict and Obligation in the Twenty—First Century*, (London: Routledge, 2002), p.264.

[20] 黛安娜・法蘭西斯（Diana Francis）認為戰爭的三大迷思，一是領導人認為必須要做的事，而這事就成為以正義之名發動戰爭的理由；二是他們在發動戰爭前已經做過所有的嘗試，所有的選項都已耗盡；他們聲稱發動戰爭是因為戰爭是達成好目標最有效的方式。請參閱 Diana Francis, *Rethinking War and Peace,* pp.18—19.

[21] Joseph S. Nye, Jr., *Understanding International Conflicts: An Introduction*

國家層次方面，一是因為西方民主國家受到階級分化與意識形態紛爭的影響，無力協調出共同外交政策；二是經濟大蕭條使各資本主義國家無法建立有效機制，來解決國際貿易失衡與金融謬誤的問題，使得德國納粹可乘勢而起；三是美國的孤立政策，使其雖為一戰後全球最強經濟體，卻不願擔負起應有的責任。[22]個人的因素就是希特勒（Adolf Hitler）在取得權力之後，為實現本身的計畫而發動戰爭的戰略。[23]

　　至於二次世界大戰是否不可避免？，奈伊的答案與其針對第一次世界大戰發表的意見相同，都是非不可避免。首先，奈伊認為如果西方民主國家選擇在二戰結束後對德國採取友善政策，或許威瑪共和國的民主政府就會因此被保留下來；其次，如果美國簽訂凡爾賽條約後，留在歐洲以維護權力平衡，希特勒或許就不會崛起而取得權力。[24]此外，奈伊亦利用「反事實」的概念來分析，他表示若是英國與法國在與蘇聯結盟後，在 1930 年代初期選擇與德國正面交鋒，或者美國加入國際聯盟（League of Nations），德國或許就會被嚇阻或延遲發

to Theory and History, pp.88—89.

[22] Ibid.

[23] Ibid.

[24] Ibid.

動戰爭，希特勒也許就不會有如此重大的成功，或許有可能被那些一直在計畫發動政變的將軍們所推翻。[25]

　　儘管奈伊不認為二次大戰都非不可避免，但是戰爭還是發生了，或許透過「反事實」的方法可以幫助吾人對於避免戰爭有所啟示，不過要防止戰爭的發生卻不是那麼容易，而且過去的經驗可能會成為未來預防類似的危機的阻礙。就如同奈伊在檢討完一次與二次大戰的爆發經驗所得到的結論是，第一次大戰如果英法是採取懷柔而非嚇阻政策對付德國，或許就可避免戰爭發生，相反地若是英法在二戰前對德國採取的是嚇阻而非懷柔政策，同樣可能會有防止戰爭發生的效果。[26]第一次大戰的教訓，沒想到卻成為第二次大戰爆發的原因，怎麼能對避免戰爭有非常高的期待呢？尤其是雙方若處於敵對狀態，任何一件偶發事件都有可能導致戰爭發生，更何況還有計畫性發動戰爭的情況。因此，最佳避免戰爭的情況，就是使雙方不進入敵對狀態，否則就很難避免戰爭爆發。兩岸目前仍處於敵對狀態，所以要避免戰爭並不容易。

---

[25] Joseph S. Nye, Jr., *Understanding International Conflicts: An Introduction to Theory and History* , pp.89—90.

[26] Joseph S. Nye, Jr., *Understanding International Conflicts: An Introduction to Theory and History* , pp.94—95.

　　除了兩次大戰爆發可以讓兩岸引以為戒外，美國內戰的爆發亦是值得參考的案例。在美國內戰期間，一位北方聯邦政府的將軍謝門（Sherman），寫信給駐在亞特蘭大（喬治亞州的首府）的南方邦聯將軍胡德（Hood），請其在亞特蘭大被焚毀前撤離市內的民眾，但是胡德將軍並未如此做，最後城毀人亡後，謝門將軍卻不認為他必須為此負責，因為誰造成戰爭，誰就必須為可能的破壞負責，他表示他在引發戰爭方面沒有介入，南方邦聯政府必須為城毀人亡負完全的責任。[27]謝門將軍的說法，像極了大陸官方的表達，即臺獨若引發兩岸戰爭，後果將由臺灣完全負責。也正因為敵對雙方有一方認為導致戰爭爆發的一方，必須會為戰爭的後果負完全的責任，被動回應的一方就很容易以戰爭手段來解決爭端，因為可以不用負責。不論此種論點是否正確，但是一旦有一方有此想法，要避免戰爭將是另外一道難題。

　　當然要避免戰爭也不是完全不可能，法蘭西斯·黛安娜就曾提出 38 項或者更多可以防止戰爭的行動方案表，她並且表示只要做其中幾項，包括直接擴大抗拒戰爭的活動，終止武器交易的運動等，就可以改變人們的想法，進而防止戰爭發

---

[27] Gwyn Prins, *The Heart of War: On Power, Conflict and Obligation in the Twenty—First Century*, p.9.

生。[28]可是當看到有如此多引發戰爭的因素，要避免戰爭的發生的可能性手段，如根本性地改變世界組成的方式以及現行行使權力的途徑，卻又如此的困難，若再加上人道等道德因素無法勝過主權領土完整的重要性，就明白要避免戰爭的難度其實非常高。尤其是原本就處於敵對的雙方，雖然彼此有經貿往來，可是頻繁的經貿往來，卻無法保證戰爭一定可以避免，因為主權領土的利益在多數時空裡，是凌駕在經貿利益之上的。

第三節　臺海戰爭的難以避免性

國民黨 2008 年 5 月重新執政以來，由於接受「九二共識」，使得臺灣海基會與大陸海協會的兩岸兩會協商機制，重新得以恢復。雙方並且在協商過程中，確立「先經後政、先易後難」的原則。然而當兩岸於 2010 年 6 月簽訂經濟合作架構協議（ECFA）之後，兩岸是否必須進入「先經後政」的後半部「政」的部分，就正式浮上枱面。例如中共中央黨校戰略所教授趙黎青，將兩岸關係和平發展至實現統一分成經濟、軍事及政治階段，他並表示 ECFA 的簽署，標誌著經濟階段在機制上與制度

28　Diana Francis, *Rethinking War and Peace,* pp.157–160.

上基本完成。[29]換言之，既然經濟階段已經完成，兩岸進入第二、三階段的軍事或政治談判，乃是水到渠成之事。中共中央黨校是大陸培訓省部級高級幹部的基地，現任大陸國家主席胡錦濤在副主席任內曾擔任中央黨校校長，該校戰略所教授的意見，當然具有一定的代表性，不能以一般的學者意見來看待。

此外，曾經擔任國臺辦新聞處處長、現任海協會副會長的張銘清亦曾撰文表示，兩岸經商、對話本著「先易後難、先經濟後政治」的原則，是一種務實而積極的態度，但是他也指出「先並非不要後；難並非不要去破解」，因為他認為最終解決兩岸問題，政治問題是必須面對、必須突破的。[30]張銘清曾任大陸主管對臺事務的官員，退休後轉任半官方負責兩岸談判的海協會副會長，其論點亦具有一定的代表性。張銘清的措辭雖然沒有像趙黎青那麼樣的明確，表明兩岸已經具備進入政治談判的條件，但是張銘清所撰文章是在兩岸簽署 ECFA 之前就已發表。在 ECFA 簽署前，他就認為兩岸政治談判不可迴避，就

---

[29] 趙黎青，〈ECFA 後兩岸和平發展進程：先軍後政實現「馬胡會」〉，《中國評論》，2010 年 8 月號，頁 4—8。

[30] 張銘清，〈尋求兩岸和平發展路徑之我見」〉，《中國評論》，2010 年 6 月號，頁 13—15。

更理由推論在 ECFA 簽署後他會順理成章地以為兩岸更難迴避展開政治談判。

　　既然政治談判不可迴避，政治談判首先要面對的政治定位問題要如何處理。北京學者在此方面著墨較多。例如張銘清就表示，大陸國家主席胡錦濤在 2008 年 12 月 31 日講話的主要精神是：「兩岸復歸統一，不是主權與領土的再造，而是結束政治對立」。[31]張銘清並認為胡錦濤的政策論述準確界定了兩岸關係的本質屬性與政治定位問題。[32]北京海峽兩岸法學交流促進會副理事長黃閩，將兩岸政治定位清楚界定為：「兩岸是一個中國之內的兩個區域政府，一個是中國北京政府，一個是中國臺北政府」、「兩岸政治對話就是『一個國家，兩個區域政府』（大陸地區與臺灣地區）之間的對話」。[33]這樣的定位，已經與中華民國憲法──自由地區與大陸地區的定位相差無幾。

　　當然黃閩不是唯一用「一國兩區」的概念來定位現階段的兩岸政治關係，大陸全國臺灣研究會副祕書長楊立憲在 2010 年 2 月就撰文表示：「中華人民共和國未能完全解決『中華民

---

[31] 張銘清，〈尋求兩岸和平發展路徑之我見」〉，頁 15。

[32] 同上註。

[33] 黃閩，〈「一中同表」是未來兩岸政治互信的新座標〉，《中國評論》，2011 年 2 月號，頁 7-11。

國』的問題……『中華民國政府』事實上仍在中國的臺澎金馬
地區進行著有效的統治，並得到二十多個國家的『外交』承認，
在 100 多個國家中設有官方的辦事機構……因而成為中國境
內相對獨立的政治實體」。[34]為了解決此種未完全繼承的政治
現實，楊立憲的提議是：「在『一國兩區』」的定位下，兩岸
之間互不為外國，同時也互不為行政管轄範圍，彼此可以『大
陸地區』、『臺灣地區』，或『大陸方面』、『臺灣方面』（MOU
模式）互稱。」[35]

　　楊立憲與黃閩先後都不迴避面對中華民國的問題，也用
「一國兩府」、「一國兩區」的概念來定位現階段兩岸關係，
只是此種比較接近 1992 年國統綱領的概念，在 2011 年後的臺
灣是顯然是沒有市場的，否則馬英九依據中華民國憲法精神
提出「一國兩區」概念，就不會被民進黨封為「區長」。不僅
如此，國民黨在回應大陸學者楚樹龍提議的「一國兩府」概念
時，重申堅持九二共識，「互不承認主權、互不否認治權」的

---

[34] 楊立憲，〈兩岸如何「增進互信、務實合作」之探討〉，《中國評論》，
　　2010 年 2 月號，頁 12—15。中華人民共和國未完全繼承中華民國的論
　　點，亦請參見李秘〈兩岸政治關係初探：政府繼承的視角〉，《臺灣研
　　究集刊》，2010 年第 1 期，頁 44—49。

[35] 同上註。

立場。[36]由此可見，兩岸的政治互信是嚴重不足的。由於政治互信不足，也就很難在結束敵對狀態與建立軍事互信機制方面有所進展。

　　例如，大陸中華文化發展促進會祕書長鄭劍認為，建立政治互信是建立軍事安全互信機制的首要前提，而他也進一步指出建立政治互信是臺灣執政者，要使主流民意向有利於兩岸融合，而非漸行漸遠的方向發展，要使臺灣群眾藍的更藍、綠的轉藍。[37]與鄭劍有類似觀點的是社科院臺研所副研究員徐青，她表示要結束敵對狀態，首先要結束敵對心態。[38]至於劉學奮則認為建立兩岸政治互利的觀念，對於推動兩岸和平協議的簽訂是有重要意義，並且表示兩岸就簽署和平協議等問題進行政治談判並非洪水猛獸。[39]凡此都可看出，兩岸在政治互信不足的情況下，要實現大陸國家主席胡錦濤，在 2008 年 12 月 31

---

[36]　臺灣觀點主筆，〈一國兩府當然可以討論〉，中央廣播電臺，2011 年 6 月 28 日，http://news.rti.org.tw/taiwan_perspective_page.aspx?id=2494，2011 年 8 月 3 日取用。

[37]　鄭劍，〈通過戰略合作達成兩岸軍事互信〉，《中國評論》，2010 年 8 月號，頁 21—23。

[38]　徐青，〈敵對心態是建立兩岸深層互信的「軟干擾」〉，《中國評論》，2010 年 10 月號，頁 24—30。

[39]　劉學奮，〈兩岸簽署和平協議前相關問題之探討」〉，《中國評論》，2010 年 2 月號，頁 46—49。

日所發表之「告臺灣同胞書」的內容：「在一個中國原則的基礎上，協商正式結束兩岸敵對狀態，達成和平協定，構建兩岸和平框架。兩岸可以適時就軍事互信問題進行接觸交流，探討建立軍事互信機制問題。」[40]將有許多的困難。當兩岸在結束敵對狀態上遲遲沒有進展，當然也就會增加大陸方面認定臺灣只願與大陸「只經不政」的疑慮。「只經不政」終究無法使兩岸在統一的方向有所進展，久而久之自然就會落入「反分裂法」的三項非和平方式的條件之一：「和平統一的可能性完全喪失」。

　　不論是大陸方面的誤判，誤以為「和平統一的可能性完全喪失」，或者是因為大陸對於本身的武力極有自信，認為足以在短時間內迫使臺灣接受大陸的政治安排，或者大陸認為臺灣的非統一行動，使其動用武力有其正當性，都使大陸很難不以戰爭手段來解決臺灣問題。尤其是若從國際、國內及領導個人因素等三個層次來觀察。當大陸成為全球最大經濟體後，國際體系將很難有另一實力相當的國家可以制約其軍事行動，若是國內又出現權力競逐的情況，領導人必須藉由戰爭手段來鞏固其權力，或者其欲藉發動統一戰爭來留名青史，都足以使得臺海戰爭難以被避免。

---

[40] 參見趙黎青，〈ECFA後兩岸和平發展進程：先軍後政實現「馬胡會」〉，頁 5—6。

第六章

結論

　　就兩岸目前看似和平的情勢而言，用兩岸終究難免一戰來形容未來兩岸關係的發展，似乎有點危言聳聽的味道，但是兩岸的和平現狀究竟能維持多久？卻是兩岸不論何種層級的領導人都難以回答或避而不答的問題。因此，如何對兩岸終究難免一戰的情勢有愈清楚的認識，才愈有可能避免戰爭的發生。若是不能對此有深入認識，當情勢發展到無法不以戰爭手段來解決時，屆時再用「反事實」的概念，來幫助大家思考不以戰爭解決衝突的可能性，也就為時以晚了。所以，兩岸終究難免一戰不是無的放矢，更非是根據命理、卜卦等方式預判得知，而是從容易引發戰爭的民族認同衝撞、統獨必有一戰的中國歷史經驗、現存霸權與崛起霸權以臺灣為爭霸的競爭點，以及戰爭本身的難以避免性等面向，來判斷兩岸似乎難以避免一戰。

第一節 臺海戰事是否無法避免？

就臺灣認同而言，不論兩岸有多麼深的血緣與文化的聯繫，但是經過 228 事件、國民黨威權時期的白色恐怖統治，以及臺灣要加入國際組織面臨來自於大陸方面的壓力，使得臺灣認同的概念不斷地被強化。臺灣認同的強化，不見得就代表臺灣人一定要建立一個新而獨立的國家，但是要維持相對的自主性則是毫無疑問的需求，偏偏此種維持自主性需求，又與建立一個新而獨立國家的立場非常相近，也就容易導致大陸方面的誤判。尤其是在兩岸政治互信不足的情況下，此種誤判更容易發生。

因為受到臺灣認同的影響，所以即使在兩岸政治定位上較傾向統一的國民黨，也無法大聲說出終極統一是其國家發展目標，而必須以「不統、不獨、不武」、「任內不談統一」等原則或說法，來告訴臺灣的選民，統一暫時不是國民黨對於國家未來發展目標的選項，否則還沒有逐漸向統一的路邁進，恐就已經失去執政權。對於民主國家的政黨而言，若是長久無法取得政權，影響力一定會逐漸衰退，當然也就無法在統一的路上有任何作為。在統獨光譜上比國民黨更傾向統一的親民黨與新

黨，曇花一現的影響力，不正說明若要執政就必須等待選民對於統一不再存有排斥，才能將統一列為選項。

當然認同的建立是有段形塑的過程，臺灣認同的形塑其實是從 1947 年的 228 事件開始，到如今已經過了六十餘年，而且隨著臺灣民主化的腳步加快，此種認同也被不斷地強化。若要轉化臺灣認同的內容，除了兩岸官方與民間，共同努力之外，也需要一段不短的時間。當臺灣民眾不再認為大陸是屬於敵對勢力，臺灣人與中國人的概念不是互斥的，屆時兩岸要協商統一就會比較容易。儘管現階段大部分的臺灣民眾主張維持現狀，但是維持現狀的背後卻缺乏趨向統一的動力。因此，短時間或至少在 2020 前，若不是透過武力手段，兩岸統一的可能性是非常低的。換言之，在臺灣認同意識強烈的情況下，和平統一的難度是相當高的。

在臺灣認同不斷上升之際，大陸的「中國認同」也隨著大陸政經實力的不斷提升而在強化之中。尤其是當共產主義不再成為大陸主要的意識形態之後，以愛國主義為包裝的「中國認同」或「中國民族主義」，就成為大陸意識形態的主流。「中國可以說不」之所以會引起大陸內外的關注，即代表著大陸正在尋求在國際社會中新的定位，而這個新的定位，必然會使得國際舊有的秩序產生變化。偏偏在大陸重新定位自己的時候，

就必須對於過去的歷史屈辱予以清理，否則在心理上很難建立中國已經完全脫離次殖民地的形象。尤其是在 1997 年香港及 1999 年澳門的主權順利轉移至中國大陸手上之後，自 1895 年起因中國積弱不振而被迫割讓的臺灣，就成為重新定位拼圖中的最後一塊。若是最後這一塊拼圖無法拼齊，中國大陸大概很難用全新的定位來為自己定位。

由於臺灣的「臺灣認同」與大陸的「中國認同」都在強化之中，更因為認同本身有辨別彼此的作用，若是兩岸無法在建構共同認同上有共識，則在強化中卻缺乏中國因素的「臺灣認同」，勢必會與將臺灣包含在內，同樣也處於強化之中的「中國認同」產生衝撞，衝撞的結果恐怕就必須訴諸武力才能解決，這也是關於認同的部分，最令人擔心的結果。尤其是在統獨光譜上較傾向統一國民黨，在失去 8 年政權後重新取得執政權後，臺灣民眾的「中國認同」不增反減，這也說明就認同而言，兩岸很難不訴諸武力來解決。

儘管臺灣有部分人士不承諾臺灣是中國歷史的一部分，然而他們卻無法否認四百多年前臺灣移民來自於中國大陸的事實。認同可以建立，但是歷史卻無法更改，因此從中國歷史上看兩岸的統獨問題，確實可以得到借鑑與啟示。中國歷史上雖然統一與分裂的時間大約是三分之二對三分之一的比例，然而

統一與分裂之前都必須面對戰爭的洗禮。春秋戰國時代，各國為了爭取主導權而彼此爭戰不斷自然不在話下，秦統一中國更是經歷了無數次的戰役。赤壁之戰奠定三國鼎立的態勢，之後魏國相國司馬昭派兵消滅蜀漢，其子司馬炎自行登上皇位改國號為晉，並成功滅吳，使中國復歸統一，同樣是經歷戰爭的結果。隋高祖楊堅代周而有天下，後攻滅南方的陳國，分裂兩百八十餘年的中國復歸統一。宋朝統一中國，是宋太祖趙匡胤先後攻滅南平、武平、後蜀、南漢、南唐，趙匡胤去世後由其弟趙光義繼位，先逼迫吳越王獻出西浙，並攻滅北漢，使中國重回統一的狀態。元、明、清三個朝代也都經歷的戰爭，才使中國中分裂重回統一的狀態，尤其是清康熙統一臺灣，更是未來兩岸解決統一問題，最好的參考借鑑，臺灣若不能早有因應，很可能會面臨明鄭同樣的命運。

　　統一固然需要經過戰爭階段，但是分裂亦何嘗不需要經過戰爭的洗禮呢？若無赤壁之戰，也就不會有三國時代的出現，所以要維持均勢就必須以戰爭來解決，三國得以相對獨立就是因為戰爭的關係。中國另一次三國鼎立時期是出現在西元352年，由當時盤踞在南方的東晉，與分由苻健的前秦及慕容儁的前燕佔據北方而形成。第二次三國鼎峙狀態得以維持，係因當年東晉桓溫北伐之戰未能成功，若桓溫伐秦之戰得以成功，西

元 369 年桓溫伐燕之戰就不會有秦國介入雙方戰爭的問題，可能東晉可以統一中國也說不定。北魏於西元 426 年展開統一北方的戰爭，至 439 年才完成統一北方的工作，前後歷經十三年。統一北方後的北魏雖曾展開統一中國的戰爭，然因南方的劉宋政權國勢不弱，終究未能順利完成統一大業。由此可見，只要在戰爭中獲勝，就能維持分裂或不統一的狀態。兩岸之所以暫時處於分裂狀態，也是因為 1949 年古寧頭戰役的關係，若臺灣當時戰敗，恐怕現在臺灣早就成為中華人民共和國的一部分，分裂的問題也就不存在了。

從中國歷史統獨狀態的持續與發展，都需要經過戰爭的過程看來，兩岸目前暫時分裂的狀態，若將來回復到統一的狀態，恐怕很難用和平手段來達成。臺灣若是在這場戰役中敗北，固然很難再繼續維持不統不獨的狀態，可是若大陸未能一舉迫使臺灣繳械，將會使兩岸展開新一輪的分裂狀態，就如同當年古寧頭戰役後的兩岸狀態一樣。由於統一是中國大陸的歷史使命，所以不會坐視兩岸處於分裂狀態太久，然而目前各項民調均顯示，臺灣大多數民眾都暫時不願與大陸統一，若此種趨勢無法透過建構共同認同，使臺灣民眾可以認同大陸，進而為和平統一創造條件，兩岸恐怕也難避免要靠戰爭來解決問題。

　　即使兩岸在認同方面可以透過長時間的重構，而縮短彼此間的差距，統獨也儘量可透過和平手段解決，但是攸關世界政經主導權的中國大陸與美國的霸權之爭，恐怕也會將臺海推向戰爭邊緣，這也是臺海難以避免戰事的第三項因素。中國大陸已於 2010 年底正式成為全球第二大經濟體，雖然大陸官方向來對外表示不爭霸。不過，受到國際格局的影響，即使大陸表明尊重現有國際秩序，世界各國，尤其是美國也會採取不同於大陸的角度，來觀察中國崛起的問題，加上過去大陸經常把反對霸權主義掛在嘴邊，對於美國而言，就是一種改變國際現狀的威脅與挑戰，所以中國威脅論甚囂塵上，也不是完全無的放矢。

　　由於臺灣問題被中國大陸視為核心利益，美國根據臺灣關係法又有協助臺灣自我防衛的義務，臺灣問題屬於美國的重大利益。若是雙方在利益重疊多於衝突時或許可以相安無事，可是雙方在臺灣問題上的利益衝突大過重疊，屆時若又找不到合適的外交解決手段，訴諸軍事手段來解決問題的可能性亦不能予以排除。尤其是對於美國對臺軍售問題，中美雙方始終存在歧見，若是大陸自認能夠有實力在美國馳援臺灣之前，就一舉攻下臺灣，以利在爭霸的路上立於不敗之地，臺海的戰事就更難避免。最近以來有不少美國學者提議，美國應放棄對臺的安

全承諾，以避免美國被捲入臺海戰事之中，正說明臺海發生戰爭事的凶險，並沒有因為和平現狀而減少。

美國不能輕易放棄臺灣，不僅是因為臺灣關係法的緣故，這還牽涉到美國在西太平洋的整體戰略，試想若美國無法在臺海戰端中協助臺灣，與美國有軍事同盟關係的日本與韓國會如何看待整體情勢的發展？他們肯定會質疑與美國軍事同盟的可靠性，若他們不再以與美國的軍事同盟作為其安全保證，美國在西太平洋的防衛體系就此宣告瓦解，這無異說明中國大陸稱霸亞洲與世界的時代提早來臨。除非美國自願放棄其基於全球霸主所能得到的利益，否則仍會設法維持臺海均勢。不過對於中國大陸而言，統一臺灣不僅是其歷史的使命，也是其重新定位自己的重要手段，更是其擴大本身國際利益的憑藉，又豈能放任此種情勢繼續發展下去？在中美雙方都基於本身利益，而不願在臺海問題上讓步的情況下，只能訴諸最後的手段——武力來解決彼此的利益矛盾。

最近也有不少美國學者及智庫在研究隨著臺灣對大陸的經貿互賴增加，會否使得臺灣不再有能力抗拒大陸統一的要求？臺灣若是透過和平的手段與大陸達成統一，美國真的不在乎嗎？他們之所以進行這些研究，不是真的擔心臺灣的利益會否因為統一而受損，而是關心一旦臺灣與大陸統一，到底對美

國的利益有多大的損害，美國要採取何種手段才能防止此種情勢發生？美國當然不會等到情勢發展到無法扭轉的地步再選擇出手，而是在情勢發生前就有所防範，這也是此等研究的用意所在。維持臺海「不統不獨」的現狀，是最符合美國的利益，但是對於中國大陸而言，卻不是如此，尤其當中國大陸成為全球最大經濟體之後，實在難以想像會願意繼續讓此種「不統不獨」的現狀繼續下去。美國想要繼續維持現狀，大陸又不想讓現狀繼續下去，實在難以想像除了武力手段以外，有什麼其他更好的辦法可以解決。過去是因為美國政經實力強大，中國大陸才願意接受現狀，可是當大陸政經實力超越美國時，很難想像大陸不會透過其本身的實力來改變不能令其滿意的現狀。

　　縱使兩岸透過認同的建立，已為和平統一創造條件；或者兩岸各階層可以有智慧地避開歷史的宿命，不再受到統獨難免一戰的影響；美中之間的霸權之爭，也可以不受過去國際格局的限制與影響，使得雙方不會因為爭霸而在臺海區域發生爭端，不過戰爭本身的難以避免性，卻使得兩岸之間仍然充滿著發生戰爭的凶險。尤其是兩岸原本就處於敵對狀態，更使得雙方因為領導人個人因素，內部統一的需要，以及對於情勢的誤判，將發動戰爭視為不得不採取的最後手段。大陸的「反分裂

法」中預示了非和平方式解決臺灣問題，更容易讓大陸高層因為兩岸情勢變化，而採用非和平手段來解決問題。

美國學者奈伊曾用「反事實」的概念，且透過國際格局、國家及個人層次來說明第一及第二次世界大戰不是不可以避免，只要當時採取不同的措施即可。奈伊在檢討完一次與二次大戰的爆發經驗所得到的結論是，第一次大戰如果英法是採取懷柔而非嚇阻政策對付德國，或許就可避免戰爭發生，相反地若是英法在二戰前對德國採取的是嚇阻而非懷柔政策，同樣可能會有防止戰爭發生的效果。第一次大戰的教訓，沒想到卻成為第二次大戰爆發的原因，因此要避免戰爭發生也就異常地困難。尤其是雙方若處於敵對狀態，任何一件突發事件都有可能導致戰爭發生，若是較強大的一方，自認有勝算而有計畫發動戰爭的情況，將使得戰爭要避免發生就變得更加困難。

戰爭之所以難以避免，是人們總是認為和平手段已經用罄，戰爭手段本身就是國際政治制度的一部分，非以戰爭手段無法解決問題，就如同一戰後的德國認為非發動戰爭，不足以解決一戰遺留下來的問題一樣。雖然現在重新回顧這段歷史，會認為德國對於發動戰爭有過於樂觀的估計。美國發動伊拉克戰爭又何嘗不是如此呢？若是能夠預知發動伊拉克戰爭，或者是打一場反恐戰爭會如同美國打越戰一樣，讓美國陷入戰爭泥

淖而使其世界霸主地位岌岌可危，或許美國在發動戰爭前會考慮再三。不過，戰爭還是發生了，任何事後的檢討都只是在亡羊補牢而已，究竟能否避免下一場戰爭的發生，誰也沒有把握。

以臺海目前的狀態而言，雖然因為國民黨於 2008 年重新執政，承認「一中各表」的「九二共識」，使得雙方沒有在「一個中國」的問題上針鋒相對，發生戰爭的立即性似乎在減少當中。然而畢竟兩岸在統獨問題上，仍然存在「不統」與「要統」的重大歧見，雙方發生誤判而導致戰爭的情況亦不能加以排除。尤其是臺灣現在是兩黨輪流執政，民進黨在「一個中國」的立場與大陸方面存在的落差更大，若是民進黨再度執政後，兩岸基於「一個中國」的問題而產生誤判，進而導致戰爭發生的機率更高，屆時兩岸要避免戰爭的難度也相對增加。

大陸國家主席胡錦濤，在 2008 年 12 月 31 日所發表之「告臺灣同胞書」，提出：「在一個中國原則的基礎上，協商正式結束兩岸敵對狀態，達成和平協定，構建兩岸和平框架。兩岸可以適時就軍事互信問題進行接觸交流，探討建立軍事互信機制問題。」。當兩岸在結束敵對狀態上遲遲沒有進展，當然也就會增加大陸方面認為臺灣只願與大陸「只經不政」的疑慮。「只經不政」終究無法使兩岸在邁向統一的道路上有所進展，久而久之自然就會被大陸有心人士解讀為已符合「反分裂法」

的三項非和平方式的條件之一：「和平統一的可能性完全喪失」，成為對臺發動戰爭的藉口。

不論是大陸方面的誤判，誤以為和平統一的可能性已完全喪失，或者是因為大陸對於本身的武力極具自信，認為足以用武力在短時間內迫使臺灣接受大陸的政治安排，或者大陸認為臺灣久拖不決的非統一行動，使其動用武力有其正當性，都會讓大陸很難不以戰爭手段來解決臺灣問題。尤其是若從國際、國內及領導個人因素等三個層次來觀察。當大陸成為全球最大經濟體後，國際體系將很難有另一實力相當的國家可以制約其軍事行動，若是國內又出現權力競逐的情況，領導人必須藉由戰爭手段來鞏固其權力，或者其欲藉發動統一戰爭來留名青史，都足以使得臺海戰爭難以被避免。與其等到臺海戰事發生後，再以「反事實」的概念來探討兩岸戰事不是不能避免，只要當時雙方採取了對的避戰策略，倒不如現在就找出可以避戰的方法，使得雙方可以不經戰爭就吸取教訓，雖然難度頗高。

第二節　避免臺海戰爭的選擇

既然認同問題、歷史的統獨因素、中美爭霸因素以及戰爭本身的難以避免性，使得兩岸終究必須面臨難免一戰，若要改

變此種難免一戰情況，就必須在此四方面都可以找到拆除引信的作法，否則就只能在事後再用「反事實」的概念來探討戰爭是如何可以被避免。

在認同難題方面，必須仰賴雙方在共建認同部分有所進展，進而使得兩岸能夠超越統獨，而找到雙方可以共同接受的政治安排。此種安排是使「臺灣認同」可以容納「中國認同」的內容，「中國認同」也可以接受「臺灣認同」與其有所不同的部分，尤其是必須對於臺灣最大公約數的中華民國之地位安排，能有新的作法。不論是「一國兩制」或是「一國三制」，都會被臺灣民眾視為是主權矮化的安排，不利兩岸共同認同的建立。當然「先獨後統」也是大陸不能接受的方式，因為這無異是使「中國認同」無法找到宣洩口。畢竟臺灣無法回到中國的版圖，將成為「中國認同」的重大缺口，這恐怕也是大陸在建構「中國認同」的過程中，亟於想要解決的。因此兩岸若是不能各退一步在認同方面找到出路，兩岸也就很難能夠避免一戰。

兩岸若要脫離中國歷史統獨難免一戰的規律，當然就必須要靠兩岸堅持以和平方式來消除彼此的歧見，也不採取會導致統獨狀態發生變化的過激行動，讓對方有產生誤判的機會。就中國歷史而言，統獨要避免戰爭不是沒有機會，但是由於敵對

雙方都不願意採取和平方式解決爭端，最終仍難避免以戰爭手段來解決問題。如今兩岸同樣面臨歷史上統獨的十字路口，大陸強烈要求統一，並且制訂「反分裂法」，希望透過非和平方式來嚇阻臺灣走向獨立，或者設立統一時間表要求臺灣必須協商統一，臺灣勢必會以戰爭手段來拒統，兩岸就難以避免一戰。另一方面，即使臺灣不想獨立，只想長久維持不統一的現狀，但是永遠維持不統一的現狀實際上與獨立無異，這恐怕亦會讓大陸方面解讀為「和平統一可能性完全喪失」，而採取戰爭手段來解決不統一的問題。當然若是臺灣方面加大向獨立傾斜的力度，更會讓大陸單方面認定「和平統一可能性完全喪失」，而必須採取非和平手段來捍衛領土完整。因此雙方能否堅持用和平手段來解決彼此的歧見，是兩岸能否避開中國歷史統獨必有一戰的關鍵，否則兩岸將很難避免走上統獨難免一戰的歷史規律之中。

至於美中爭霸而使臺灣被捲入到雙方爭霸的風暴之中，因為牽涉到三方的角色，所以要避免爭霸戰爭發生的難度就更高。尤其是當美中雙方任何一方打算以戰爭手段，來達成其繼續擔任或成為繼任的霸權，在臺海生事恐怕是解決利益衝突非常好的方式。若要避免爭霸戰爭，就必須依靠美中雙方堅持以和平方式來完成霸權的交替或者持續，而不是像世界歷史發

展，現存霸權與崛起的霸權，會透過戰爭手段來決定世界事務
主導權誰屬。儘管臺灣在美中爭霸上的著力有限，但是由於臺
灣本身具備的戰略地位與政經能力，使得臺灣只要倒向美中雙
方的任何一方，也就會使那一方比這一方更具備爭霸的力量。
因此，臺灣所能做的，就是繼續與美中維持等距關係，以避
免被捲入美中爭霸的戰爭，雖然這過程十分困難，但卻不是
不可能。

　　戰爭原本就具有許多難以避免性，尤其是雙方處於敵對狀
態，更容易使自認能以武力解決爭端的一方，輕信和平的外交
手段已無法解決問題，必須訴諸最後的手段--戰爭，才能順利
弭平爭端。為了防止爭端的一方，假藉正義之名，行侵略之實，
國際社會除了必須運用集體的力量，對於違反人權的戰爭發動
者予以制裁，以增加其發動成本外，敵對的雙方都應有所節
制，避免作出使對方認為不得不以戰爭來解決問題的舉措，以
減少因為誤判而導致必須以戰爭來解決問題的機會。

　　上述避免戰爭的各種選項，要達成的困難度都非常高，任
何一個環節若出現差錯，就容易導致戰爭發生，否則本書也不
會認為臺海終究難免一戰。但是達成難度高，不代表不可能，
而只是需要爭端方不要輕信戰爭是最後及最佳解決問題的方
法。兩岸若因為受到上述四層面的影響，終究難免必須透過戰

爭來解決問題，事後國際關係學者或許會再用「反事實」的概念，來探討這場戰爭只要透過採取何種手段，就能避免戰爭發生。與其事後再探討如何避免，不如在事前就找出可以避免的方式，否則再多事後的探討，恐怕都無法彌補已經發生戰事的遺憾。

參考書目

中文部分

一、專書

史明，1980，《臺灣人四百年史》（中文版），臺北：蓬島文化公司。

史明，1992，《臺灣不是中國的一部份：臺灣社會發展四百年史》，臺北：前衛出版社。

江宜樺，1998，《自由主義、民族主義與國家認同》，臺北：揚智出版社。

何敏求，1993，《中國歷代戰爭史簡編》，臺北：黎明出版社。

李登輝，1995，《經營大臺灣》，臺北：遠流出版社。

美國戰略與國際研究中心及國際經濟研究院，2006，樂良美、黃裕美譯，《重估中國崛起：世界不能不知的中國強權》，臺北：聯經出版社。

唐晉，2007，《大國崛起：以歷史的眼光和全球的視野解讀 15 世紀以來 9 個大國崛起的歷史》，北京：人民出版社。

孫哲等，2004，《美國國會與中美關係》，北京：時事出版社。

宮崎正弘，2003，李明峻譯，《美中對決的時代來了》，臺北：前衛。

班納迪克・安德森（Benedict R. O'Gorman Anderson），1999，吳叡人譯，《想像的共同體：民族主義的起源與散布》，臺北：時報出版社。

徐宗懋，1995，《務實的臺灣人》，臺北：天下文化出版社。

郝雨凡、張燕冬，2000，《無形的手：與美國中國問題專家點評中美關係》，北京：新華出版社。

張曉生、劉文彥，1990，《中國古代戰爭通覽（一）》，臺北：雲龍出版社。

張曉生、劉文彥，1990，《中國古代戰爭通覽（二）》，臺北：雲龍出版社。

張曉生、劉文彥，1990，《中國古代戰爭通覽（三）》，臺北：雲龍出版社。

曹東，1994，《中國歷史上有名的戰爭》，臺北：業強出版社。

許信良，1995，《新興民族》，臺北：遠流出版社。

連橫，1980，《臺灣通史》，臺北：文海出版社。

陳良生等，2005，《中國國家統一戰略：和戰之間，我們選擇全面打擊和遏制「臺獨」》，香港：明報出版社。

陳昭瑛，1998，《臺灣文學與本土化運動》，臺北：正中書局。

陳籽伶，1990，《影響中國的 100 個戰爭》，臺北：好讀出版社。

彭明敏文教基金會，1994，《彭明敏看臺灣》，臺北：遠流出版社。

鈕先鍾，2001，《中國歷史的決定性戰爭》，臺北：麥田出版社。

鄧小平，1983，《鄧小平文選 1975-1982》，北京：人民出版社。

閻學通，1998，《中國崛起：國際環境評估》，天津：天津人民出版社。

謝淑麗，2008，溫洽溢譯，《脆弱的強權：在中國崛起的背後》，臺北：遠流。

蘇州虞，1997，《中國古代重要戰爭》，臺北：玉樹圖書出版社。

二、期刊與專書論文

王飛凌，2001，〈中華悲劇：海峽兩岸即將來臨的民族主義大衝突〉，林佳龍、鄭永年編，《民族主義與兩岸關係》，臺北：新自然出版社，頁 409-432。

王緝思，2004，〈蘇美爭霸的歷史教訓和中國崛起的道路〉，中共中央黨校戰略所編，《中國和平崛起新道路》，北京：中共中央黨校出版社，頁 5-25。

夷將・拔路兒，1994，在「族群關係跟臺灣民族的形成」的座談會上敘述之意見。施正鋒編，《臺灣民族主義》，臺北：前衛出版社，頁 331-332。

吳乃德，1993，〈省籍意識、政治支持與國家認同〉，張茂桂等著《族群關係與國家認同》，臺北：業強出版社，頁 30-41。

吳國光，2001，〈中國民族主義的歷史變遷〉，林佳龍、鄭永年編，《民族主義與兩岸關係》，臺北：新自然出版社，頁 317-334。

吳叡人，1997，〈民主化的弔詭與兩難：對於臺灣民族主義的再思考〉，游盈隆編，《民主鞏固或崩潰：臺灣 21 世紀的挑戰》，臺北：月旦出版社，頁 36。

李秘，2010，〈兩岸政治關係初探：政府繼承的視角〉，《臺灣研究集刊》，2010 年第 1 期，頁 44-49。

周建明，2001，〈中國民族主義與臺灣問題〉，林佳龍、鄭永年編，《民族主義與兩岸關係》，臺北：新自然出版社，頁 389-408。

施正鋒，1994，〈臺灣民族主義的意義〉，施正鋒編，《臺灣民族主義》，臺北：前衛出版社，頁 8。

施敏輝，1989，〈臺灣向前走——再論島內「臺灣意識」的論戰〉，施敏輝編，《臺灣意識論戰選集》，臺北：前衛出版社，頁 27-30。

施敏輝，1989，〈臺灣向前走──再論島內「臺灣意識」的論戰〉、施敏輝編，《臺灣意識論戰選集》，臺北：前衛出版社，頁27-30。

胡鞍鋼，2004，〈如何看待中國崛起・代序言〉，收錄於門洪華編，《中國：大陸崛起》，杭州：浙江人民出版社，頁1-17。

孫大川，1997，〈一個新的族群空間的建構──臺灣泛原住民亦是的形成與發展〉，游盈隆編『民主鞏固與崩潰：臺灣21世紀的挑戰』，臺北：月旦出版社，頁157-158。

徐青，2010，〈敵對心態是建立兩岸深層互信的「軟干擾」〉，《中國評論》，10月號，頁24-30。

康紹邦，2004，〈中國的和平崛起是世界發展的機遇〉，中共中央黨校戰略所編，《中國和平崛起新道路》，北京：中共中央黨校出版社，頁26-40。

張五岳，2009，〈推動兩岸合作機制的策略布局：從朝野對話到社會共識的建立〉，蔡朝明編，《馬總統執政後的兩岸新局：論兩岸關係新路向》，臺北：遠景基金會，頁58。

張茂桂，1993，〈省籍問題與民族主義〉，張茂桂等著《族群關係與國家認同》，臺北：業強出版社，頁240-271。

張茂桂，1997，〈談「身份認同政治」的幾個問題〉，游盈隆編，《民主鞏固或崩潰：臺灣21世紀的挑戰》，臺北：月旦出版社，101頁。

張銘清，2010，〈尋求兩岸和平發展路徑之我見」〉，《中國評論》，6月號，頁13-15。

許極燉，1993，〈苦悶的民族〉，許極燉編，《尋找臺灣新地標：從苦悶的歷史建構現代視野》，自立晚報文化出版社，頁2。

陳少廷，1994，〈臺灣近代國家思想之形成〉，施正鋒編，《臺灣民族主義》，臺北：前衛出版社，頁240-246。

陸委會，1999，〈關於「一個中國」涵義〉，《大陸工作法規彙編》，
　　臺北：陸委會編印，頁陸-五。

黃昭堂，1994，〈戰後臺灣獨立運動與臺灣民族主義的發展〉，施正
　　鋒編，《臺灣民族主義》，臺北：前衛主版社，頁 200-201。

黃昭堂，1994，〈戰後臺灣獨立運動與臺灣民族主義的發展〉，施正
　　鋒編，《臺灣民族主義》，臺北：前衛出版社，頁 200-218。

黃閩，2011 年，〈「一中同表」是未來兩岸政治互信的新座標〉，《中
　　國評論》，2 月號，頁 7-11。

楊立憲，2010，〈兩岸如何「增進互信、務實合作」之探討〉，《中
　　國評論》，2 月號，頁 12-15。

趙黎青，2010，〈ECFA 後兩岸和平發展進程：先軍後政實現「馬胡
　　會」〉，《中國評論》，8 月號，頁 4-8。

劉學奮，2010，〈兩岸簽署和平協議前相關問題之探討」〉，《中國評
　　論》，2 月號，頁 46-49。

編輯部，2010，〈第五次江陳會談成果說明暨協議文本〉，《兩岸經
　　貿》，222 期，7 月，頁 6-13。

鄭永年，2001，〈中國新一波民族主義〉，林佳龍、鄭永年編，《民
　　族主義與兩岸關係》，臺北：新自然出版社，頁 21-40。

鄭劍，2010，〈通過戰略合作達成兩岸軍事互信〉，《中國評論》，8
　　月號，頁 21-23。

戴國輝與陳映真，1989，〈「臺灣人意識」、「臺灣民族」的虛像與真
　　相〉，施敏輝編，《臺灣意識論戰選集》，臺北：前衛出版社，
　　頁 84-85。

三、報刊與網路資料

人民網，2001，〈南京大屠殺倖存者聯名寫給趙薇的一封公開信〉，
　　http://www.people.com.cn/GB/wenyu/64/129/20011206/620666.
　　html，2008 年 1 月 6 日取用。

人民網，2002，〈「潑糞」襲擊趙薇的男子首次披露詳情〉http://www.
　　people.com.cn/GB/wenyu/64/129/20020301/677216.html，2008
　　年 1 月 6 日取用。

卜睿哲，2010，〈兩岸戰爭機會趨近零，還是有可能〉，《中央廣播電
　　臺新聞》，2010年6月11日，http://news.rti.org.tw/index_newsContent.
　　aspx?id=1&id2=1&nid=246081，2010 年 7 月 22 日取用。

中臺辦國臺辦，2006，〈制止法理臺獨是最緊迫任務〉，2 月 28 日，
　　http://news.sina.com.cn/c/2006-02-28/11528323249s.shtml，2008 年
　　1 月 6 日取用。

中國社會調查事務所廣東分所，2009，〈中國社會調查事務所廣東
　　分所簡介〉，2009 年 8 月，http://www.gov12365.org/Article/Type
　　Article.asp?ModeID=1&ID=190，2011 年 8 月 17 日取用。

中國評論新聞網，2006，〈布胡會，臺灣問題不可能是非重點〉，4
　　月 18 日 http://chinareviewagency.org/doc/1001/2/6/9/100126991.
　　html?coluid=62&kindid=1299&docid=100126991&mdate=091112
　　3624，2008 年 1 月 6 日取用。

中國評論網，2007，〈大陸學者：扁當局推入聯公投　北京絕不容
　　忍〉，2007 年 7 月 26 日，http://chinareview.tv/doc/1004/1/7/2/
　　100417297.html?coluid=7&kindid=0&docid=100417297，2008 年
　　1 月 6 日取用。

中華人民共和國全國人大，2005，《反分裂國家法》，3 月 14 日，參
　　見新華網 http://news.xinhuanet.com/taiwan/2005-03/14/content_
　　2694168.htm，2011 年 2 月 16 日取用。

臺灣觀點主筆，2011，〈一國兩府當然可以討論〉，中央廣播電臺，
　　6 月 28 日，http://news.rti.org.tw/taiwan_perspective_page.aspx?
　　id=2494，2011 年 8 月 3 日取用。

多維新聞，2000，〈武力攻臺：九成大陸人支持〉，http://members.
　　multimania.co.uk/chinaweekly/html/181.htm，2008 年 1 月 7 日
　　取用。

江澤民，2002，〈全面建設小康社會，開創中國特色社會主義事業
　　新局面──在中國共產黨第十六次全國代表大會上的報告〉，11
　　月 8 日，新華網 http://www.xinhuanet.com/newscenter/dyxjx/
　　sldbg.htm，2011 年 2 月 10 日取用。

李家泉，2004，〈陳水扁玩火「法理臺獨」將斷送臺海和平〉，《人
　　民日報海外版》，12 月 06 日，版 1。

孟遊，2004，〈香港文匯報 2020 新聞幕後〉，《大紀元》，8 月 4 日，
　　http://www.epochtimes.com/b5/4/8/4/n616878p.htm，2011 年 2 月
　　10 日取用。

旺報，2011，〈中國人身份認同正在臺灣逐漸消失專家憂心忡忡〉，
　　《旺報》，2011 年 1 月 22 日，頁 A12。

林克倫，2007，〈章子怡掀民族情仇、人民日報制止〉，《中國時報》，
　　7 月 30 日，版 15。

美國在臺協會，《臺灣關係法》，1979 年 1 月 1 日，http://www.ait.org.tw/
　　zh/taiwan-relations-act.html，2011 年 2 月 10 日取用。

英國國家廣播公司，2004，〈日本蟬聯亞洲杯中國球迷場外抗議〉，
　　http://news.bbc.co.uk/chinese/simp/hi/newsid_3540000/newsid
　　_3545500/3545546.stm，2008 年 1 月 6 日取用。

英國國家廣播公司中文網，2005，〈中國將領說將使用核武反擊美國攻擊〉，7 月 15 日，http://news.bbc.co.uk/chinese/simp/hi/newsid_4680000/newsid_4685600/4685607.stm，取用日期 2007年 12 月 24 日。

孫亞夫，2007，〈入聯公投「是變相的」臺獨公投〉，《人民網》，12月 16 日，http://tw.people.com.cn/GB/14810/6660446.html，2008年 1 月 6 日取用。

馬英九，2008，中華民國第十二總統就職演說，請參閱總統府網站，http://www.president.gov.tw/php-bin/prez/shownews.php4?Rid=14000，2008 年 11 月 10 日取用。

國臺辦、國新辦，2002，〈一個中國原則與臺灣問題〉，2 月，http://www.gwytb.gov.cn/zt/baipishu/201101/t20110118_1700148.htm，2011 年 2 月 10 日取用。

陳水扁，2000，〈中華民國第十任總統就職演說全文〉，《聯合報》，2000 年 5 月 21 日，13 頁。

陳水扁，2006，〈大陸 2015 年做完攻臺準備〉，《鳳凰網》，12 月 29日，http://news.ifeng.com/taiwan/1/detail_2006_12/29/980175_1.shtml，2010 年 8 月 12 日取用。

陳雲林，2007，〈大陸視「入聯公投」等同法理臺獨〉，《僑報》，9月 15 日，http://www.usqiaobao.com/big5/newscenter/2007-09/15/content_14067.htm，2008 年 1 月 6 日取用。

陳雲林，2007，〈努力開創對臺工作新局面〉，《求是》，12 月 17 日，http://tw.people.com.cn/GB/14810/6665378.html，2008 年 1 月 6日取用。

陳錫蕃，2002，〈闖關外交與烽火外交〉，《中央日報》，8 月 23 日，版 3。

粟戎生，2011，〈粟裕最大心結：沒「解放臺灣」〉，http://news.sina.
　　com.tw/article/20110208/4172001.html，2011 年 2 月 10 日取用。

溫德爾‧明尼克，2004，〈英國詹氏防衛週刊：2006 中共可能攻臺〉，
　　《聯合報》，4 月 25 日，版 A13。

歐巴馬、胡錦濤，2008、2010，《中美聯合聲明》，美國白宮網站，
　　http://www.whitehouse.gov/the-press-office/us-china-joint-state
　　ment，2011 年 1 月 21 日取用。

英文部分

I.Books

Bernstein, Richard and Ross H. Munro. 1997. *The Coming Conflict with China.* New York: Alfred A. Knopf Inc.

Fang, S. Frank.2007. China Fever: Fascination, Fear, and the World's Next Superpower. Berkeley: Stone Bridge Press.

Francis, Diana. 2004. *Rethinking War and Peace.* London: Pluto Press.

Gellner, Ernest. 1983. *Nations and Nationalism.* Ithaca: Cornell University Press. Gellner, Ernest. 1997. *Nationalism.* New York: New York University Press.

Hobsbawa, .J E. 1992.*Nations and Nationalism Since 1780: Programme, Myth, Reality*, 2nd ed. Cambridge: Cambridge University Press.

Kennedy, Paul. 1987. The Rise and Fall of the Great Powers: Economic Change and Military Conflict from 1500 to 2000, New York: Vintage Book.

Lamptom, M. David. 2001. *Same Bed Different Dreams: Managing U.S-China Relations 1989-2000.* Berkeley and Los Angeles, CA: University of California Press Ltd.

Marshall, W. Andrew and James G Roche,1999. *Asia 2025,* Washington D. C.: U.S. Dept. of Defense.

Nye, S. Joseph Jr. 1997. Understanding International Conflicts: An Introduction to Theory and History (2nd edition), NY: Longman.

Poole, Ross. 1999. *Nation and Identity.* London: Routledge.

Prins, Gwyn. 2002. The Heart of War: On Power, Conflict and Obligation in the Twenty-First Century. London: Routledge.

Shelton, N. Henry. 2000 *Joint Vision 2020,* Washington D. C.: U.S. Government Printing Office.

Shlapak, A. David, D. Orletsky, and Barry Wilson. 2000. Dire Strait? Military Aspects of the China-Taiwan Confrontation and Options for U.S. Polciy. Washington D. C.. RAND.

Tanner, Scot Murray. 2007. Chinese Economic Coercion Against Taiwan: A Tricky Weapon to Use. Santa Monica, CA: Rand Corporation.

Waltz, N. Kenneth. 2001. *Man, the State and War: A Theoretical Analysis,* NY: Columbia University Press.

Zhao, Suisheng. 2004. *A Nation-State by Construction.* Stanford: Stanford University Press.

II. Articles

Art, Robert J.1999. "The Fungibility of Force", Robert J. Art and Kenneth N. Waltz (ed.), *The Use of Force* (5th edition). Lanham, Maryland: Rowman & Littlefield Publishers, Inc., pp.3-22.

Deng,Yong. 2006. "Reputation and the Security Dilemma: China Reacts to the China Threat Theory", Alastair Iain Johnston and Robert S. Ross (eds), *New Directions in the Study of China's Foreign Policy.* Stanford, California:
Stanford University Press, pp.186-214.

Evera, Van Stephen. 1999. "Offense, Defense, and the Causes of War", Robert J. Art and Kenneth N.Waltz (ed.), *The Use of Force* (5th edition). Lanham, Maryland: Rowman & Littlefield Publishers, Inc., pp.44-69.

Freedman, Lawrence and Efraim Karsh. 1999." How Kuwait Was Won", Robert J. Art and Kenneth N.Waltz (ed.), *The Use of Force* (5th edition). Lanham, Maryland: Rowman & Littlefield Publishers, Inc., pp.258-271.

Gilley, Bruce. 2010. "Not So Dire Straits", *Foreign Affairs*, Vol.89 No.1, Jan/Feb, pp.44-60.

Glaser, Charles. 2011. "Will China's Ride Lead to War: Why Realism Does Not Mean Pessimism", *Foreign Affairs,* Vol.90 No.2, Mar/Apr, pp.80-91.

Hanlon, O'Michael. 2000."Why China Cannot Conquer Taiwan", *International Security*, Vol.25, No.2 (Fall 2000), pp.51-86.

Jakobson, Linda. 2005. "A Greater Chinese Union," *The Washington Quarterly,* Summer, pp.27-39.

Kaplan, D. Robert. 2010. "The Geography of Chinese Power", *Foreign Affairs*, Vol.89 No.3, May/Jun , pp.22-41.

Mouritzen, Hans. 2010. "The Difficult Art of Finlandization", *Foreign Affairs*, Vol.89 No.3, May/Jun, pp.130-131.

Mueller, John "The Obsolescence of Major War", Robert J. Art and Kenneth N.Waltz (ed.), The Use of Force (5th edition). Lanham, Maryland: Rowman & Littlefield Publishers, Inc., pp.427-440.

Posen, R. Barry. 1999. "Explaining Military Doctrine", Robert J. Art and Kenneth N.Waltz (ed.), *The Use of Force* (5th edition). Lanham, Maryland: Rowman & Littlefield Publishers, Inc., pp.23-43.

Sutter, Robert. 2003. "Why Does China Matter?" *The Washington Quarterly,* Winter, pp.75-89.

Tsang, Steve. 2005. "Drivers Behind the Use of Force", Steve Tsang (eds.), *If China Attacks Taiwan: Military Strategy, Politics and Economics.* London: Routledge, pp.1-14.

Tucker, Bernkopf Nancy. 2002. "If Taiwan Chooses Unification, Should the United States Care?" *The Washington Quarterly.* Summer, pp.15-28.

III. Newspapers and Internet

Blanchard, Ben and Ralph Jennings. 2009. 'China Military Threat to Taiwan Rises Despite Detente' Reuters, 31 August. http://www.reuters.com/article/idUSTRE5800L520090901, accessed on Feb 10, 2011.

Dumbaugh, Kerry.2007. "China-U.S. Relations: Current Issues and Implication for U.S. Policy", CRS Report for Congress, Feb 14 2007, http://fpc.state.gov/documents/orsganization/81340.pdf. accessed on 24 Dec, 2007.

Gertz, Bill. 2005."Chinese Dragon Awakens", *Washington Time*, June 27, http://www.washingtontimes.com/news/2005/jun/26/20050626-122 138-1088r/, (accessed on Jan 22, 2011).

National Intelligence Council. 1997.*Global Trends 2010,* http://www.dni.gov/nic/special_globaltrends2010.html#contents, accessed on 24 Feb, 2011.

National Intelligence Council. 2000. *Global Trends 2015: A Dialogue About the Future With Nongovernment Experts,* http://www.dni.gov/ nic/PDF_GIF_global/globaltrend2015.pdf, accessed on 24 Feb, 2011.

National Intelligence Council. 2004. *Mapping Global Future,* http://www. foia.cia.gov/2020/2020.pdf, accessed on 24 Feb, 2011.

National Intelligence Council. 2008. *Global Trends 2025: A Transformed World,* http://www.dni.gov/nic/PDF_2025/2025_Global_Trends_Final _Report.pdf, accessed on 24 Feb, 2011.

Viewpoint 01　PF0077

兩岸終究難免一戰!?

作　　者 / 戴東清
責任編輯 / 林泰宏
圖文排版 / 邱瀞誼
封面設計 / 王嵩賀

發 行 人 / 宋政坤
法律顧問 / 毛國樑　律師
印製出版 / 秀威資訊科技股份有限公司
　　　　　114台北市內湖區瑞光路76巷65號1樓
　　　　　電話：+886-2-2796-3638　傳真：+886-2-2796-1377
　　　　　http://www.showwe.com.tw
劃撥帳號 / 19563868　戶名：秀威資訊科技股份有限公司
　　　　　讀者服務信箱：service@showwe.com.tw
展售門市 / 國家書店（松江門市）
　　　　　104台北市中山區松江路209號1樓
　　　　　電話：+886-2-2518-0207　傳真：+886-2-2518-0778
網路訂購 / 秀威網路書店：http://www.bodbooks.com.tw
　　　　　國家網路書店：http://www.govbooks.com.tw
圖書經銷 / 紅螞蟻圖書有限公司
　　　　　114台北市內湖區舊宗路二段121巷28、32號4樓
　　　　　電話：+886-2-2795-3656　傳真：+886-2-2795-4100

2012年3月BOD一版
定價：200元
版權所有　翻印必究
本書如有缺頁、破損或裝訂錯誤，請寄回更換

國家圖書館出版品預行編目

兩岸終究難免一戰!? / 戴東清著. -- 一版. -- 臺北市：
秀威資訊科技, 2012. 03
　　面； 公分. -- (Viewpoint 01 ; PF0077)
　　BOD版
　　ISBN 978-986-221-909-6(平裝)

　1. 兩岸關係　2. 戰爭

573.09　　　　　　　　　　　　　　　100028128

讀 者 回 函 卡

感謝您購買本書，為提升服務品質，請填妥以下資料，將讀者回函卡直接寄回或傳真本公司，收到您的寶貴意見後，我們會收藏記錄及檢討，謝謝！
如您需要了解本公司最新出版書目、購書優惠或企劃活動，歡迎您上網查詢或下載相關資料：http:// www.showwe.com.tw

您購買的書名：_____

出生日期：_____年_____月_____日

學歷：□高中 (含) 以下　　□大專　　□研究所 (含) 以上

職業：□製造業　□金融業　□資訊業　□軍警　□傳播業　□自由業
　　　□服務業　□公務員　□教職　　□學生　□家管　　□其它_____

購書地點：□網路書店　□實體書店　□書展　□郵購　□贈閱　□其他

您從何得知本書的消息？

　□網路書店　□實體書店　□網路搜尋　□電子報　□書訊　□雜誌

　□傳播媒體　□親友推薦　□網站推薦　□部落格　□其他_____

您對本書的評價：（請填代號　1.非常滿意　2.滿意　3.尚可　4.再改進）

　封面設計____　版面編排____　內容____　文／譯筆____　價格____

讀完書後您覺得：

　□很有收穫　□有收穫　□收穫不多　□沒收穫

對我們的建議：_____

_____

_____

_____

11466
台北市內湖區瑞光路 76 巷 65 號 1 樓

秀威資訊科技股份有限公司　　　收

BOD 數位出版事業部

....

（請沿線對折寄回，謝謝！）

姓　　名：＿＿＿＿＿＿＿＿　　年齡：＿＿＿＿　　性別：□女　□男

郵遞區號：□□□□□

地　　址：＿＿＿＿＿＿＿＿＿＿＿＿＿＿＿＿＿＿＿＿＿＿＿＿＿

聯絡電話：(日)＿＿＿＿＿＿＿＿＿　(夜)＿＿＿＿＿＿＿＿＿＿＿

E-mail：＿＿＿＿＿＿＿＿＿＿＿＿＿＿＿＿＿＿＿＿＿＿＿